古文献整理法

― 和漢古資料組織法 ―

木 野 主 計 著

樹村房
JUSONBO
2008

序　文

　現在は筑波大学情報学群　知識情報・図書館学類と呼称されている大学の前身である図書館情報大学で昭和54年4月から平成4年3月まで筆者が講義した「古文献整理法」を中心とし，これに加えて「日本目録規則 1952年版」及び「日本目録規則 1987年版　改定2版　第2章　図書（和古書・漢籍用増補版），第3章　書写資料（増補改訂版）」を取り上げ，古文献の整理法について講述する。特に，第2章の和古書と第3章　書写資料のうち，いわゆる古資料の写本・手稿及びその複製物という古資料の整理法に言及し，なおまた，書写資料中の構成要素に該当する，いわゆる地域資料内の郷土資料目録化などのルーティンワーク即ち図書館情報学でいう資料組織法を説いて，本書を古資料専門司書の参考文献の一に加えたいと思う。

　かかる意図の下に，「古文献整理法」という書名を付して，下記の如き目次に従って古文献に関する標識内容を講義する。古文献という範疇にはいうまでもなく，古書店業界が入札販売会などで，よく呼称している「古典籍」をも包含することは勿論である。

　筆者が昭和29(1954)年より2年間にわたって図書館情報大学の前身である文部省図書館職員養成所にて，東京帝国大学図書館の司書を長い間勤められた樋口慶千代講師から古文献整理法を受講した際に，樋口講師より『近松語彙』編纂の経緯を縷々拝聴した。これが久松潜一教授との共編となった理由は，当該書籍に係る販売政策上からであったとの話を直接伺った。しかし，樋口先生の江戸期の古文献に関する講義は，豈近松に限らず東大図書館の関係資料から知り得た知識と具体的な知見に裏打ちされた内容の講義故に，誠に以て司書を目指す初学の学徒にとって，古文献に興味を抱かせるには申し分のない講筵であった。

　わけても，先生の浄瑠璃や草双紙に関する学問的な話は自由闊達で，時に大きな声を教室中に張り上げて，先生の心の中には未だ実際に生きていた江戸文

学の講義だったから，種々の知見を毎度の授業で学生に与えるばかりであった。だから，『近松語彙』は樋口講師が講義の中で申されたように，先生唯一人で成した労作であったことを深く知ることが出来た。樋口先生は東大図書館で和漢書，わけても江戸文学資料の整理を担当した研究熱心な古資料専門司書であった。後学の司書はこれを範とすべきだと，毎度の授業で悟るばかりであった。

　近松門左衛門が元禄16年5月の当り狂言「曽根崎心中」を竹本義太夫のために書いた時に歌舞伎作者から人形浄瑠璃の義理人情に絡む世話物作者に代わる際の有り様を語る樋口先生の講義は，今に甦るほどの実感に溢れる話だったと懐かしく思い出す。今や昔の物語である。

　それ以来ずっと，筆者は古文献に興味を持ち続け，今回の著述も，偏に，先達である樋口先生の講義より知り得た力に負うところが多い所以である。さらには，国立国会図書館の司書監で在られた弥吉光長先生に，筆者は文部省図書館職員養成所で卒業論文「書物奉行近藤正斎の研究」を提出し，論文の執筆上で示唆に富んだ幕府の書物政策について，多くのご教示を弥吉先生より頂いた。そして，書物奉行に関する多くの知見を得ることが出来た。

　同じく，国立国会図書館憲政資料室において明治維新の政治家達の文書・記録の書誌編纂に年のあった藤井貞文博士が，未だ上野図書館に勤務されていた時代には，文部省図書館職員養成所で古文書学の講義を2年間にわたって拝聴するところとなり，当該学問については上野支部図書館所蔵の古文書の読み方から，更には古文書様式による分類作業の実習，はた又，文書名の付与法等を勉強することが出来た。先生が國學院大學文学部史学科主任教授の傍ら『井上毅傳　史料篇』の編纂主任を務められた際には，筆者は國學院大學図書館調査室主任司書として『井上毅傳　史料篇』の編纂を業として40年余りにわたって携わり，これが完成を見ることが出来たのも，唯々藤井先生の指導監督の宜しきを得たからに他ならなかったと，改めて今は本書を執筆する新たな決河の勢いに駆られる思いである。

　そもそもかような次第で，井上毅伝記編纂の仕事を成就したことによって，筆者は國學院大學より『井上毅研究』による論文審査で法学博士の学位を授与

序　文

される栄に浴したのである。その主査は法学部政治史担当の山下重一教授，副査は日本法制史担当の小林宏教授と国際外交史担当の関野昭一教授であった。以後の筆者の近代法制史研究で主たる参考文献は，藤井先生がその出版に深く関係した『孝明天皇紀』全5巻と『明治天皇紀』全12巻及び『井上毅伝　史料篇』全7巻と『近代日本法制史料集』全20巻を座右に備えて，更に研究を進めていることをここに述懐しておく次第である。

　今，古文献整理法を編む上で，図書館学分野では全く樋口慶千代先生や弥吉光長先生及び藤井貞文先生等，政治史及び法制史分野では山下重一先生及び小林宏先生達から御教示された学恩に感謝すると共に，ここに各先生方に深く謝辞を申し上げる而已(のみ)である。

　国立国会図書館上野支部図書館に貴重な江戸武家故実の古文献資料の特別蒐書(しゅうしょ)「冑山文庫」を受入する際の弥吉・藤井両司書監の協力話しは，図書館職員養成所に出講中の両先生だったからこそ，鞠躬如(きくきゅうじょ)として承った稀な事案で，これが古文献に対して非常に強い興味を筆者が抱くようになった素であった。今でも両先生から筆者が受けることの出来た横説竪説(おうせつじゅせつ)の強烈な印象は筆者の記憶にまざまざと残っていることを序ながら(ついで)語っておきたい。

　序文の末尾ではあるが，図書館情報大学で「古文献整理法」の講義を受け持っていた際には，和古書は筆者が担当し，漢籍は和泉新教授が担当するように授業を配分していたので，本書において漢籍目録法（和泉新編）及び漢籍解題等を記述したその要点は，和泉教授の知行に多く与った(あずか)ことをここに述べて，その学恩に深謝する次第である。

　日本古典籍総合目録の書誌データが完備されれば，いまさら古文献整理法が必要だろうかと疑問を持たれるだろうが，図書館の貴重書か将又(かつまた)，旧家の書棚の和古書を見て如何なる本かすぐさまこれに古文献専門司書が断案を下せるだろうか。古文献の知識と経験と技量がすぐに発揮出来てこそそれは可能となるであろう。そのために本書が参考になれば幸いである。

　本書を「古文献整理法」と題して上梓する上で，多くの引用文献や参考資料等について長文の引用をする場合は，その文献名や資料名を記載したが，元々，

本書には教科用図書の意味合いも含めているので，一々引用文献名を記載せずに省略した箇所もあるから，予め序文においてそのことの次第を申し述べて，引用文献の執筆者の方々に深甚なる謝辞をここで奉呈しておく次第である。

　平成20年3月4日

木　野　主　計

古文献整理法　目次

序　文 …………………………………………………………………… i
目　次 …………………………………………………………………… v

第1章　古文献の定義 ………………………………………………… 1

第1節　古文献とは ………………………………………………… 1
第1項　書誌学（Bibliography）上の古文献の定義 ………… 1
第2項　文献学（Philology）上の古文献の定義 …………… 3
第3項　文芸学（Literaturwissenschaft）上の古文献の定義 … 3
第4項　考証学上の古文献の定義 …………………………… 4
第5項　古文書学（Paleographie）上の古文献の定義 ……… 5
第6項　「日本目録規則」1952年版が規定する古文献の定義 … 6
第7項　日本の古文献（古典籍）の特徴 …………………… 6

第2章　目録学史 ……………………………………………………… 9

第1節　日本目録学史上の代表的著作 …………………………… 9
第1項　総論 …………………………………………………… 9
第2項　目録の意味 …………………………………………… 9
第3項　日本国見在書目録 …………………………………… 10
第4項　本朝書籍目録 ………………………………………… 11
第5項　群書類従 ……………………………………………… 11
第6項　群書一覧 ……………………………………………… 12
第7項　日本書籍考 …………………………………………… 12
第8項　国書解題 ……………………………………………… 13
第9項　国書総目録 …………………………………………… 14
第10項　日本古典籍総合目録 ………………………………… 15

第3章　英米・欧州・日本の図書目録規則の歴史 ………………… 17

第1節　目録規則史の総説 ………………………………………… 17

第1項	パニッツイの目録規則	17
第2項	ジェウェットの印刷カード用目録規則	18
第3項	カッターの辞書体目録規則	18
第4項	アメリカ図書館協会（ALA）の最初の目録規則	19
第5項	ディアツコの目録規則	19
第6項	日本文庫協会編の「和漢図書目録編纂規則」	19
第7項	ドイツ総合目録規則としてのプロシャ教程	19
第8項	ALA編纂の著者・書名記入目録規則	20
第9項	プロシャ教程の改正規則	21
第10項	日本図書館協会編の和漢図書目録編纂概則	21
第11項	日本図書館協会編の和漢図書目録法	21
第12項	青年図書館連盟の日本目録規則	22
第13項	帝国大学附属図書館協議会編の和漢書目録規則	22
第14項	米国の図書目録規則はALAの標目選定とLCの記述記入の二規則から構成	22
第15項	日本図書館協会編「日本目録規則1952年版」の制定	23
第16項	国際図書館連盟（IFLA）のパリ原則の発表	24
第17項	日本図書館協会編「日本目録規則」（NCR）1965年版の制定	27
第18項	英米目録規則(Anglo-American Cataloging Rules：AACR I)の制定	27
第19項	国際標準書誌記述（International Standard Bibliographic Description：ISBD）の制定	28
第20項	日本図書館協会編「日本目録規則新版予備版」の発表	29
第21項	英米目録規則Ⅱ（AACR Ⅱ）の制定	31
第22項	日本図書館協会編「日本目録規則1987年版」の発表	31
第23項	日本図書館協会編「日本目録規則1987年改訂版」の発表	33
第24項	日本図書館協会編「日本目録規則1987年版改訂2版」の発表	33
第25項	日本図書館協会編「日本目録規則1987年版改定2版追加および修正」の発表	34

第4章　中国目録学略史 …………………………………………… 36

第1節　中国目録学史総説 ………………………………………… 36
　第1項　姚名達『中国目録学史』の目録学 ……………………… 36
　第2項　劉向の「別略」と劉歆の「七略」 ……………………… 36
　第3項　四部分類法 ………………………………………………… 37

第5章　漢籍目録法 ………………………………………………… 39

第1節　中国目録規則概説 ………………………………………… 39
　第1項　中国目録規則の問題点 …………………………………… 39
　第2項　古籍著録規則の情報源の難点 …………………………… 40
　第3項　中国古典の目録規則の性格 ……………………………… 41
第2節　漢籍目録法　―記述諸例―　（和泉新編）……………… 42
　第1項　書名 ………………………………………………………… 42
　第2項　巻数 ………………………………………………………… 43
　第3項　著者事項 …………………………………………………… 44
　第4項　出版事項 …………………………………………………… 45

第6章　簡明漢籍解題略説 ………………………………………… 48

第1節　中国における経書概説 …………………………………… 48
　第1項　四書五経 …………………………………………………… 48
　第2項　詩 …………………………………………………………… 50
　第3項　書 …………………………………………………………… 51
　第4項　礼記 ………………………………………………………… 52
　第5項　周禮 ………………………………………………………… 52
　第6項　儀禮 ………………………………………………………… 53
　第7項　樂経 ………………………………………………………… 54
　第8項　周易 ………………………………………………………… 55
　第9項　春秋 ………………………………………………………… 55
　第10項　左伝・公羊伝・穀梁伝 ………………………………… 56

第11項　孝経 …………………………………………………… 56
　　　第12項　爾雅 …………………………………………………… 57
　第2節　朝鮮本解題抄 ………………………………………………… 57
　　　第1項　朝鮮本の特徴 …………………………………………… 57
　　　第2項　韓国出版略史 …………………………………………… 58
　　　第3項　朝鮮本『大典会通』の解題 …………………………… 58
　　　第4項　朝鮮通信使と書籍文化 ………………………………… 59

第7章　古文献(和古書)整理法のための新目録規則とその解説 … 60

　第1節　古文献ないし和古書の目録法 ……………………………… 60
　　　第1項　古書目録法序説 ………………………………………… 60
　第2節　古文献(和古書)整理法上の古書目録法の原則とその解説 … 62
　　　第1項　古書目録法の原則 ……………………………………… 62
　　　　第1　古書目録法原則の総説 ………………………………… 62
　　　　第2　古文献整理法上従来から伝統的に伝えられてきた古書目録法の原則 … 63
　　　　第3　第2の古文献整理法上の古書目録法の伝統的な原則についての解説 … 64
　第3節　古書目録法原則上の目録作業と記述と記入について ………… 70
　　　第1項　目録作業とは …………………………………………… 70
　　　第2項　古目録法上の記述について …………………………… 70
　　　第3項　古書目録法上の記入について ………………………… 70
　第4節　古書目録法上の図書の記述について ……………………… 71
　　　第1項　日本目録規則1952年版による図書の記述に関する規則 …… 71
　　　第2項　「日本目録規則1987年版改定2版　追加および修正」
　　　　　　による和古書に関する新目録規則 …………………… 76
　　　第3項　日本目録規則1987年版改定2版追加および修正(第2章図書)… 76

第8章　書写資料(古文書・古記録)整理法 …………………………… 82

　序　論 …………………………………………………………………… 82
　第1節　書写資料の通則と記述の範囲 ……………………………… 83
　　　第1項　書写資料の通則とその内容 …………………………… 83

第2項　書写資料収集の原則 ……………………………… 83
　第3項　郷土資料中書写資料の収集原則 ………………… 85
　第4項　小金井市立図書館の地域資料収集・選択基準 … 87
第2節　書写資料の整理上の原則 …………………………… 88
　第1項　書写資料（郷土資料）整理上の原則 …………… 88
　第2項　佐賀県歴史資料整理規程の書写資料整理原則 … 89
　第3項　佐賀県歴史資料整理規程 ………………………… 90
　第4項　「日本目録規則1987年版改訂2版　追加および修正2005年」の第3章　書写資料（増補改訂版）3.0.5 記述の精粗による第2水準の標準の書誌的事項の記述例 ……………… 93
　第5項　3.0.4「記述すべき書誌的事項とその記録順序」についての解説 … 94
　第6項　「日本目録規則1987年版改訂2版　追加および修正」へのコメント … 95
　第7項　近世地方文書整理マニュアル …………………… 96
　第8項　書写資料整理の専門職員スタッフ・マニュアルの必要性 … 97
　第9項　図書館郷土資料室・地方公文書館・地域博物館との所蔵資料の種別 …… 99

第9章　稀覯書取扱い法 ………………………………… 101

第1節　稀覯書とは ………………………………………… 101
　第1項　稀覯書の取り扱い方 ……………………………… 101
　第2項　稀覯書の複写について …………………………… 102
　第3項　稀覯書管理法 ……………………………………… 102
　第4項　貴重図書の蔵書印押捺法 ………………………… 105
　第5項　稀覯書の受入法 …………………………………… 106
　第6項　稀覯書の評価基準 ………………………………… 108
　第7項　稀覯書の修理法 …………………………………… 110

附録　古文献に関する用語解説の凡例 ………………… 113

　凡例（1）　項目の選定について ………………………… 113
　凡例（2）　古文献用語の解説範囲について …………… 113
　凡例（3）　引用文献・引用資料について ……………… 113

凡例（4） 古文献解説用語の形式について ……………………… 113
凡例（5） 古文献用語項目の排列法 ………………………………… 113

古文献用語解説集 …………………………………………… 114

掲 載 図 版 目 録

図版（1） 漢籍目録法の線装本の図 ……………………………………	46
図版（2） 漢籍目録記述例 ……………………………………………	47
図版（3） 重要文化財『周禮』宋　孝宋朝刊（12世紀）	
中国蔵書家陸心源の蔵書印（人物像）等の押捺法の参考図 ………	53
図版（4） 巻子本の図 ……………………………………………………	118
図版（5） 胡蝶装の図 ……………………………………………………	121
図版（6） 軸物の各種名称図 ……………………………………………	123
図版（7） 旋風葉の図 ……………………………………………………	126
図版（8） 和装本の線装の各種 …………………………………………	128
図版（9） 版心の名称と各種魚尾の図 …………………………………	130
図版（10） 洋装本の各部の名称図 ………………………………………	133

第1章　古文献の定義

第1節　古文献とは

　近代における書誌学，文献学，文芸学，考証学，古文書学，古文献目録学などが研究の対象としている所謂(いわゆる)古文献について本章で定義する。
　まず諸学が規定する古文献の意味を述べてから，古文献上の用語の定義に簡略に触れ，然(しか)る後に古文献の意義に言及することにする。なお，本章で述べる古文献整理法と日本目録規則1987年版改定2版 第2章 図書 で規定する和古書目録法上の整理法とは，大略それと同義と見做(みな)して論議を進めることは序文で述べたとおりである。

第1項　書誌学（Bibliography）上の古文献の定義
　書誌学とは『図書館用語集』（3訂版）では，図書を対象として，その形態，材料，用途，内容，成立の歴史などを科学的・実証的に研究する学問であるとしている。狭義には個々の図書を正確に記述する学問とするが，我が国では一般的に江戸時代以前の古書について，その成立，装丁，伝来などを含め，それらの図書についてのあらゆることを研究・記述する時に書誌学という用語が用いられることが多いと，前記の用語集では定義している。
　Bibliographyとは，語源的にはギリシャ語の$\beta\iota\beta\lambda o\sigma$（Biblos）と$\gamma\lambda\alpha\phi\eta$（Graphy）から合成された文字で「本のことについて書いた」ものの義である。すなわち，図書を書誌的事項，①著者事項 Author area，②書名事項 Title area，③出版事項（出版地・出版社・

出版年）Imprint area，④版事項 Edition area（改定・増補），⑤対照事項 Collation area（大きさ・頁数・装丁），⑥叢書事項 Series area，⑦注記事項 Note area，[一般注記（書誌的来歴を注記する）・内容注記 note area（書誌・解題・年表・索引の有無を注記する）・内容細目 content area（収録されている作品名，論文名，内容目次などを注記する）]に分解して各記述を集めて，書名・著者順などの一定の方式に従って排列・編成した図書のリストのことを書誌というが，図書の各書誌的事項について研究・調査する学問を一般的には書誌学という場合もある。

　書誌学は一般的に英語では Analytical Bibliography（分析書誌学）又は Critical Bibliography（批判的書誌学）と呼ばれるものと，Enumerative Bibliography（列挙的書誌学）又は Systematic Bibliography（体系的書誌学）とに大別され，我が国では前者が書誌学に相当し，後者は一定の原理によって図書や文献の書誌的事項を排列したリスト（書誌）そのものや，それらの作成法のことを指している。Analytical Bibliography と Enumerative Bibliography の効用については1930年代以降，発達してきたと Bowers, F. は指摘していた。

　また，パリ大学の Langlois, CH-V. 教授は，その著書 *Manuel de bibliographie historique*（1901）で全国書誌（Bibliographies nationales）と世界書誌（Bibliographies universelles）の必要性を一般書誌の要素から分析して発表していた。Roy Stokes は，その著 *The function of bibliography*（1982）で，書誌の完全記述には，①簡易記入（著者・書名・出版事項など），②標題紙の複写，③本文の対照事項，④図版リスト，⑤プレートリスト，⑥印刷紙ノート，⑦印刷活字ノート，⑧製本ノート，⑨参考文献，⑩書誌的注記などの記入があるといっている。西欧における書誌学の概念は広範囲である。

第1章　古文献の定義

　日本では広義に，書誌学とは，印刷術，製本術，装丁術，写真術，さらにはこれに古文書学，文献学，分類学，入木道(じゅぼくどう)を加えた書誌的研究までをも含めていうこともある。

　いずれにしても，書誌学上で，文献（Literature）という場合は，紙又はこれに準ずるもの，すなわち竹簡・木簡あるいは金石に記録された文字を主とする記録物をいい，これらについて，①図書，及び図書関係事項の古文献，②稀覯書(きこうしょ)，禁止本，佚書(いっしょ)，豆本などの古文献，これらを対象として研究する資料の①・②を含むものを古文献と定義する。

第2項　文献学（Philologie）上の古文献の定義

　ドイツで発展した文献学とは，広義には文献資料によって各民族や時代の文化を歴史的に研究する学問であるが，一般的には主としてギリシャ・ローマの古文献資料についての原典批判，解釈，作品の成立史・作者の考証や誤写・誤伝過程の推測・復元などを中心に研究する学問である。なおまた，広く古文献の訓詁(くんこ)・注釈や伝本の書誌的調査までも含める場合もある。（August Bueck.. Enzyklopaedie und Methodologie der philologischen wissenschaften.. 1897）

　古文献が出版形態によって与えられる文献の形式区分には，①概説書，②史的研究書，③学界展望，④年鑑，⑤統計，⑥辞典，⑦専門誌，⑧展示目録，⑨官庁出版物，⑩法令，⑪学会・団体，⑫専門書，⑬書誌，⑭索引，⑮外国文献などがあるが，これら文献の一般研究において対象とする古文献のことを定義上で古文献といい，広義的には比較文献学が対象とする古文献までをさらに包含する場合もある。

第3項　文芸学（Literaturwissenschaft）上の古文献の定義

　芸術一般の基礎理論である芸術学が，特に芸術が実現している美的価

値とその実現において機能すべき技術的活動とを研究課題としているのに対し，文芸学は詩・小説・戯曲などの文学を対象として，これを科学的に研究する学問である。したがって，文芸学上の古文献の定義では，文学作品でも近代以前の近世・中世に成立した古文献ということになる。

　その時代の文芸的作品の作者考証やその成立史・解釈・原典批判が古文献の中心的部分を占めることになる。すなわち，文芸学上の作家論では歴史，思想，技巧，影響を科学的に研究するのに対し，作品論ではその内容，形式，効果の研究であり，作家なくして作品はあり得るが，作品（古資料）なくして作家はあり得ないのである。文芸学上の古文献研究は文学史と接続して行われ，文学史のうちで叙事詩・小説・物語・日記などのジャンル別で論じられるのである。

第4項　考証学上の古文献の定義

　考証学は中国の明代末に興り，清代に盛行した実証的，文献学的学問である。宋・明代の理学・心学に対して，漢代の訓詁を重視する古文献の研究方法を継承・発展させた学である。清代初の黄宗羲・顧炎武，中期の戴震・段玉裁などが代表的学者であったが，康有為に師事した清代末の梁啓超は当時の政治家としても有名であるが，『清代学術概論』を著して，一躍，考証学を高めた。また，魏源は考証学でも経世実用の学風を立て，『海国図志』『皇朝経世文編』などを著した。また，考証学の一つの方法として，数種の異本を比較・対照して誤りを正したり，異同を明らかにして正確な原本の姿を求めようとする校勘学がやっぱり清代に興った。

　中国の考証学の成果は享保以後，長崎貿易を通じて舶載され，清国考証学を学んだ吉田篁墩（1745～1798）は中国の古書籍を収集し，『活版経籍考』『論語集解攷異』などの校勘学の書を著した。さらには江戸後

期における考証学者として，古文献の校訂・編修も多く，『比古婆衣』『仮名本末』の著書で有名な近世考証学の泰斗，伴信友や日本の古文献・金石文・古辞書・度量衡の研究に力を注いだ狩谷棭斎は『日本霊異記攷攺証』『古京遺文』『和名類聚抄箋注』『本朝度量権衡攷』などの著書で知られている。これらの著書は古文献の研究書として夙(つと)に著名である。

　漢代書籍の訓古を重視する実証的・文献学的な校勘の学となった考証学は，さらに明末にもたらされた西洋の科学的・合理的思考の刺激を受けたので，考証学上の古文献の定義は昔の制度や文物を知る資料となる記録・典籍ということになる。

第5項　古文書学（Paleographie）上の古文献の定義

　つい最近まで，古文書学は考古学やあるいは文献史学と考古学の境界分野にあたる金石学と同様に歴史補助学の一つに挙げられていた。しかし今では，古文書学は古文書の様式，材料，署名，花押(かおう)，印章，墨色，書風，用語，文体の比較研究などの科学的文献分析を通して，文書の真贋を鑑定し，あるいは文書様式の体系化，また文書の内容から文書の発給者と接受者の関係やその歴史的背景を研究する学問として立派に歴史学から独立した学問として認識されている。

　さらに，直近の古文書学では歴史的事実の特質の解明への昇華が課題となり，その史料分析力によって史料解明の作業と手法の徹底化が求められ，その事態理会のための新たな手がかりとなる歴史的事実の抽出能力が特に問われているといわなければならない。したがって，優れた歴史研究の基盤は古文書学による史料分析能力にあると言っても過言ではないのである。以上，古文書学が扱う史料群すなわち古文献には古文書・古記録・日次記(ひなみき)などの古文献が包含されている。「日本目録規則」1987年版　第3章　書写資料がこれに相当する。

第6項　『日本目録規則』1952年版が規定する古文献の定義

　前記の古文書学が研究する学問の内容でいうことは，古文献の目録学においても，標目の選び方，標目の形式，図書の記述において司書に求められる書誌学上の専門的分析能力は古文書学における史料分析能力と同等であるといわなければならない。古文献ないしは和漢書又は和古書と呼ばれている以下の本，すなわち問答書，書簡集，日記，伝記，講話集，批評集，座談書，会見記，編纂書，古代律令書，詔勅，無著者名古典，無著者名図書，勅撰書，官選書，地方志，系図，教書，聖書，航海日誌，探検記，条約・外交文書，新聞，雑誌，叢書，神書，仏書，稀覯書，文芸書，合刻書，合纂書，合綴書，校訂書，訓点書，批点書，注釈書，翻訳書，翻案書，美術書，正本，謡本，丸本，金石文，目録・書誌，索引，地図，楽譜などは目録規則上で古文献と呼称することにしている。司書はかかる目録規則上の本を古文献とする認定行為や古文献の標題に関する書名・巻次・著者表示・版次などの同定作業において司書は正確な専門的知識とその分析能力を保持しえて，かかる当該作業を遂行することが司書にとっては絶対的な必須条件だということを認識しなければならない。

第7項　日本の古文献（古典籍）の特徴

　平成元年9月に「文車の会」という古典籍商の創立40周年記念講演会で弘文荘店主　反町茂雄氏が「世界的に見た日本古典籍の特徴」と題した講演でも触れているように，日本の古典籍の特色は，①年代的に古いこと，②現存する古写本の数が著しく多いこと，③古写本の学術的価値が高いこと，④絵巻物・絵入本・絵本の美しいこと，の4点を挙げられている。これに加えて，古典籍の市場性が高く，特に古写本・古版本が市場に出る数は世界でも最も多く，欧米においては12世紀以前の古写本

第1章　古文献の定義

が市場に現われることは極めて稀であると反町氏は言っている。

　日本最古といわれる聖徳太子筆写本の『法華義疏』，最古の刊行年代を明らかにできる版本は正倉院架蔵の『成 唯識論(じょうゆいしきろん)』，国宝の徳川黎明会蔵の『源氏物語絵巻』，古活字版の優の慶長勅版『日本書紀神代巻』，近世期に至っては，浮世絵師 喜田川歌麿の美人画『当時全盛美人揃』等の出版物の数は比較的少なく，江戸期の古典籍の特徴は黄表紙の鼻祖で小石川春日町（現文京区）に住んでいた恋川春町の『金々先生栄花夢』が刊行されてから文芸作品の変化に大きな特徴が現われた。このことについては樋口慶千代先生からその変化の特徴に聞くところが多かった。

　すなわち，江戸後期の古典籍出版の特徴は小説の出版にある。それは黒本・青本に継いで，安永年間（1771～1781）から文化年間（1804～1818）まで江戸で流行した黄表紙の恋川春町の『金々先生栄花夢』（1775年刊）刊行にあり，この本は半紙半截の大きさで，1冊五丁の本が普通3冊より成立し，黄色の表紙の絵題簽(だいせん)によって中身が分かるように工夫がされていて，その内容は草双紙の幼稚な絵本から脱して大人の読み物となる特徴を持っていた。江戸期の小説本は文化年間には敵討ち物から山東京伝の『江戸生艶気樺焼』のような合巻へと変化して行き，やがて小説の時代は維新期を経て明治の大量出版の近代小説へと古典籍の特徴が変わって行くのである。したがって，日本の古文献（古典籍）の特徴は文芸作品の多さにあるというべきである。

　ところで，各時代に見られる古書店業界における古文献の有り様の特徴を概観すると，奈良時代は写経のみが市場に現出し，平安時代は小野道風・藤原佐理・藤原行成ら三蹟の和様の書風は中国の王羲之の書を土台にして，以後の書の規範となり，現存する古典籍・文書・書状などの字体はこの風で多く業界に残存している。また日記・和歌集は紀貫之などのいわゆる女手の仮名書の古文献として残るところとなっている。鎌

倉時代の古資料は武家様文書の上意下達風で上部の字が大きく，下部の字が小さいという特徴ある書体で筆記された古文書資料が多く残っている。室町時代の古文献は武家の統制がゆるんで，この時代の古資料の書風には荒れた雰囲気の漂う乱れが見られ，総じて下手な字体の古写本や古文書が多いのが特徴である。安土桃山時代は下克上の精神が漲った書風で，古写本でも古活字本でも嵯峨本や光悦本のような絢爛豪華な物が多く残っているのである。このように時代と共に古資料の姿には移り変わりが見られるのである。

　江戸時代の古文献は武家の統制が再びはかられ，近世地方文書に見られるように，青蓮院門跡尊円入道親王が創始した和様書道を踏襲した，いわゆる御家流が幕府の公用文書の書体となると，全国津々浦々までこの書風が風靡し，さらには往来物の書風に御家流が迎え入れられると，庶民階級までがこの書体を模範となし，江戸期を通して古文献は古写本や古文書・古記録までの字体が御家流に統一されたものとして残るようになったのが，古書店業界における近世期古資料の残存状況の特徴である。

第2章　目録学史

第1節　日本目録学史上の代表的著作

第1項　総　　論

　普通，目録とは，ある物品を簡潔に表現してリスト化したもの（Catalogue）をいう。

　Cata とはラテン語で全てということであり，logue とは名詞の語尾に付けて言葉の意を表わし，したがって Catalogue とは「すべてのもの」という義である。図書館で資料を組織する場合は図書目録ないし資料目録の略称として「目録」という用語を用いている。文献目録という場合は，書誌・書目と同義に用いられるが，厳密にいうならば，書誌とは掲載資料の目録とその書籍の所在情報を明らかにしている場合に限っている。

第2項　目録の意味

　さて，目録という語の歴史的な意味について，次に列挙してみよう。

① 物の所在を明らかにするために，その名称・数量を記した文書・記録をいう。

② ある物を接受したり，社寺や人に寄進するために作成された文書をいう。

③ 書物の中に書かれた内容を順序立てて並べたものをいう。あるいは目次ともいう。

④ 所蔵品や出陳品を整理して並べたもの，例：在庫品目録・展覧会

出陳目録。
⑤　進物の際，実物を贈る代わりにその品物のみを記して相手に渡す文書をいう。
⑥　武道・諸芸道の伝授・免許を証明するための文書をいう。
⑦　進物として金員を贈る際に，その金額を明記した文書をいう。

　目録について，国史大辞典では大内田貞郎に興味ある事実を指摘している。すなわち，江戸中期の故実家伊勢貞丈はその著『貞丈雑記』の中で，「目録と云事，目は名と同意なる字也。名をしるすと書てもくろくとよむ也，目録と云はすべて物の名目を書き録（しるす）書物の惣名」と言っている。書物の中の題名を順序立てて並べて記した目次，所蔵，出品，出版などを並べて記したものを目録ということである。

　書物の目録という意味から「書目」と銘うって，書物の記録・保管・利用・検索のために数多くの書目が日本では古来から編纂された。公家・寺社・武家・個人などの蔵書の書目が編輯され，著述書目・善本書目・解題書目・現存書目や古書肆の販売書目及び舶載書目，本屋の出版書目などの特殊な書目もある。上申書などに人名の目録を連ねたものは交名といって，連名書・散状，交名注文などという文書がある。

　以下，日本において編纂された著名な図書目録の解題を通して，その目録の成立・内容・意義などを明らかにしてみたい。

第3項　日本国見在書目録

　平安初期，藤原佐世が隋書経籍志に倣って編纂した『日本国見在書目録(ならんざいしょ)』は我が国では現存最古の漢籍のいわゆる仏書以外の外典の書目である。本書の編纂の体裁は易家から惣集家まで40家に分け，書名・巻数を記し，選者名を注記する場合もままあり，1,579部17,345巻を著録（矢島玄亮調査）している。本書は9世紀末までにいかなる漢籍が我が国に

将来されたかを知る上で大変貴重な本である。中国の『隋書』『旧唐書』の経籍志及び『新唐書』芸文志に記載されていない佚書が数多く収録されているので，清朝末期に黎庶昌が編纂した『古佚叢書』に本書は収載されているくらいであるから，いかに和漢の書誌学・校勘学上で漢籍研究の重要な資料と目されているかが分かるというものである。本書の活字本は『続群書類従』雑部に収録されている。

明治13年，清国公使館の外交官の一員として来日した楊守敬は『日本訪書志』を清国光緒23（1897）年に著し，宋・元・明の古版本235部を日本各地に訪ね，その書名・版式・序跋・伝来・内容を詳細に記録し，日本伝存の宋元古版本は中国に伝存していない佚書が数多く，その書は隋唐時代の学風をよく伝え，校勘学上重要な資料であることを本書が中に記述している。

第4項　本朝書籍目録

日本国見在書目録に引き替え，『本朝書籍目録』は鎌倉後期に編纂された我が国最古の国書の目録である。漢籍は経史子集の四部分類がその大概であるのに対し，本書に収載されている国書は493部あり，この書籍類を神事，帝紀，公事，政要，氏族，地理，類聚，字類，詩家，雑抄，和歌，和漢，管弦，医書，陰陽，人々伝，官位，雑々，雑抄，仮名の20部門に分類配置した。これが後々の我が国における図書分類法の嚆矢となったものであり，かつ又，国書目録の最初である。

第5項　群書類従

例えば，塙保己一が「異朝には漢魏叢書などより始めて，さる叢書どもも聞こえたり，中国（みくに）にはいまだ其ためしなし。さらばここにもかしこにならひて，かしこここにもちりぼひある一巻二巻の書をと

り集めて，かたぎにゑりおきなば，国学する人の能たすけなるべしと思ひとりて」編纂した『群書類従』は神祇・帝王・補任・系譜・伝・官職・律令・公事・装束・文筆・消息・和歌・連歌・物語・日記・紀行・管弦・蹴鞠・鷹・遊戯・飲食・合戦・武家・釈家・雑の25部に書籍を分類した。

　これは先の本朝書籍目録の分類項目を5部増やしたもので，その項目名も相互に比較するならば，同工異曲と思われる発想から成り立っていることが了解できるであろう。群書類従は江戸末期に我が国の古文献530巻665冊を集めて文政2（1819）年に完成をみた叢書である。さらに続編の企画が立てられ，1,150巻 1,185冊に及ぶ古文献が集められ，明治末年にその完成をみることができた。正続合わせると実に3,373種の古文献を収めた一大叢書であった。その目録もまた著名である。

第6項　群書一覧

　享和2（1802）年に上梓をみた尾崎雅嘉編の『群書一覧』は1,700余部，写本652部ある国書を34類に分類して，これに解題を各々付した図書目録である。尾崎は宝暦5年，大坂に生まれた国学者で，後に『続異称日本伝』310巻を著し，刊行をみないうちの文政10（1827）年，73歳で浪花に没した。勿論，群書類従の部類分けは，群書一覧の34の部立てをリファインして構成されている。

第7項　日本書籍考

　江戸時代前期の幕府の儒者 林鵞峯が寛文7（1667）年に荒川宗長名で刊行した『日本書籍考』は，旧事記・古事記から始めて，天正記・太閤記に至るまでの国書120部を含み，これに簡単な解説を付した解題書目である。なお，本書に収録されている書籍は，六国史・律令格式・公卿日記・有職故実・神道・漢詩文・物語・鏡物・戦記物語・合戦記の10部

の分類に及び，114冊を数える書籍である。なお又，本書の刊本である『日本書籍考』には，中国古代の経典の名称・成立・内容に解説を付した鵞峯の父親である林羅山編の『経典題説』を合綴している。

『日本書籍考』の巻末の刊記には「此の一冊は或る人の求めに依って記し焉りぬ。之を一覧すれば則ち一部の大概を知る可きのみ　向陽林子」(和訳筆者)の原漢文の跋文を載せている。しかし，本書の解題事項の知識の中身を見ると，四代将軍，徳川家綱より弘文院の号を賜わられた林鵞峯という御仁は，当時では最高学府の弘文館頭領と目される人でありながら，これくらいの認識しか持ち合わせていなかったとすれば，その考えは淡そかとしか申しようがない。

林鵞峯は寛永18(1641)年より『寛永諸家系図伝』の編纂に主として携わり，寛文4(1664)年には『武家諸法度』改正御用を務め，同10年に『本朝通鑑』12箱分を幕府に献上するという経歴の持主であり，忍岡塾を弘文院と称するように幕府から申し渡されたのにもかかわらず，この様である。多分，親，羅山の七光りで，あとは弘文院の塾生達が協力をしてこの書を編纂していたのであろうか。現在，本書は長沢規矩也・阿部隆一共編の『日本書目大成』第2巻(汲古書院　昭和54刊)に収載されている。

第8項　国書解題

国書の解題の書籍としては，前述の如き『群書一覧』や『日本書籍考』があるが，近代になって編纂された例は佐村八郎の『国書解題』が嚆矢であった。本書は慶応3(1867)年までに日本人が書いた本を50音順に排列して，各冊に解題を付した書物である。編者の佐村八郎は本書を明治29年より編纂を開始し，同33年に四六倍版2,194頁の大冊を出版した。

本書には，初版で1万5千余部の解題書籍を収めたが，明治37年の増

訂版ではさらに1万余部の解題の書物を追加してその第2版とした。本書の特徴は、① 解題書が2万5千余部に及び、従来の解題書籍目録としては最大のものであった。② 従来の解題書籍目録には無かった著者の小伝を必ず付した。③ 巻末に著者名の索引を付し、さらに分類索引として、総記・宗教哲学・法政・史学・地理・語学・文学・美術遊技・実用芸術・科学・雑の11編の項目を付し、及び難読書名の便宜を図って画引索引を付したことにある。

第9項　国書総目録

　本書は日本人が慶応3（1867）年までに著述、編纂、翻訳した書籍の総合目録（union catalog）である。総合目録とは2館以上の図書館所蔵資料の記入を一元的に編成・排列した図書目録のことをいう。全8巻、別巻に「著者別索引」1巻を付す。

　本書の目録上の構成は、書名は五十音順に排列し、巻冊数・別書名・分類項目・編著者名・成立を略記している。次に書籍の写本・版本いずれかの所在情報を図書館・文庫等ごとに掲載し、さらに近代活字による複製本・翻刻の有無を記している。

　本書は昭和14（1939）年、岩波書店の岩波茂雄の発意により、辻善之助・新村出を編者に『（岩波）国書解題』の書名の下に編纂事業が開始された。第二次世界大戦のため、第1巻の校正刷の段階で中絶したが、編纂上の目録やカード類は疎開されて戦禍を免れた。昭和32年、従来のような解題刊行に代えて総合目録出版を意図し、新たに収載資料を追加して、昭和38年、岩波書店創業50周年を記念し、国家的事業とも目される本書の第1巻が刊行された。

　戦前からの辻・新村の助手として森末義彰・市古貞次を加え、新しく堤精二が編纂事業に参加して、昭和47（1972）年第8巻を、51年、別巻の

著者別索引を刊行して完成をみた。

なお第8巻には，昭和35年以降の所蔵事項移動の補遺と，叢書収載書目一覧が補填されている。なお，この仕事は現在，国文学研究資料館に継続されて「日本古典籍総合目録」となって一般に公開されている。

第10項　日本古典籍総合目録

当該目録は国文学研究資料館が構築した日本の古典籍の総合目録（一部，漢籍・明治本）である。『日本古典籍総合目録』は岩波書店編の『国書総目録』の継承・発展を目指して構築した，いわゆる「新国書総目録」ともいうべきもので，日本の古典籍の書誌・所在情報を著作及び著者の典拠情報と共に提供する総合目録データベース化をさらに目指した。

そもそも，国文学研究資料館は昭和47年5月，従来から存在した文部省史料館の組織を組み入れて発足し，さらに平成16年4月からは大学共同利用機関法人人間文化研究機構国文学研究資料館として整備され，新たに国文学の研究センターとなった。

「日本古典籍総合目録データベース」の特徴は下記のとおりである。

① 『国書総目録』の所在・翻刻複製情報（写本・版本・活字・複製・謄写本の情報）は，著作情報の一つのデータ項目として『国書総目録』の内容をそのまま収録し，参照情報として表示する。そのため，必ずしも現在の所蔵情況を示すものではない。所蔵者の名称・組織の変遷，蔵書の移動等については，『国書総目録』所蔵者一覧を参照すること。

② 書誌・所在情報には，古典籍総合目録データ（国文学研究資料館編『古典籍総合目録』（岩波書店　1990刊）所収データを含む）の他に，当該館所蔵の和古書目録データとマイクロ資料目録データ（国内外の古典籍を撮影収集した資料）を含んでいる。

③ 本目録データベースの書誌項目の数は，著作約45万7千件，著者約6万7千件，書誌約43万7千件である。
④ 本目録の典拠情報は，『国書総目録』（補訂版1989〜1991），『古典籍総合目録』所収のすべての著作・著書，及びこれらの目録刊行後に追加した著作・著者を収録している。
⑤ 古典籍総合目録データは，全国の大学・図書館・文庫等の蔵書目録をデータソースとし，各目録から古典籍（慶応4年までに日本人が著した書籍）の情報を採録したもので，そのため現在利用できない資料も含まれている。「古典籍総合目録所蔵者一覧」を併せて参照のこと。
⑥ 和古書目録データは当該館所蔵の和古書から，マイクロ資料目録データは当該館が収集したマイクロ資料から，目録データを作成した。なお，「マイクロ資料・和古書目録所蔵者一覧」を併せて参照のこと。

以上，日本における目録学として位置づけられる著名な歴史上の目録を簡単に顧みて，その体系化を試みた。和古書の目録として，今現在では，国文学研究資料館の『日本古典籍総合目録』が，量といい，質といい，古文献整理法上の目録としては最高の水準にあるということは否めない事実である。将来的には，古文献のデジタルライブラリー化を目指し，収集した古資料のフルテキストをデジタル情報として利用者に提供するシステムを構築すべきであろう。さすれば古資料組織法の発展的利用に如何ばかり貢献できるであろうか。

第3章　英米・欧州・日本の図書目録規則の歴史

第1節　目録規則史の総説

　古文献整理法の参考に供するために，図書館資料に関する目録規則について，英米・欧州と日本における簡略な図書目録規則の歴史を編年順で以下に述べる。特に，目録規則には，①目録法の構成の問題，②目録規則をいかなる図書に適用するかという問題，③目録記載上の形式問題などがあるが，これらについてはできるだけ簡潔で要を得た解説になるように心がけたい。

第1項　パニッツィの目録規則

　1839（天保10）年，Anthony Panitzzi（1797～1879 G.B.）は大英博物館のために次のような目録規則を制定した。
Rules for the compilation of the catalog of printed books in the British Museum.
① 本目録規則は全91箇条なので91 Rules とも呼称されている。
② 本目録規則はパニッツィが編纂したので Rules of Panizzi ともいわれている。
③ 本目録規則は標目選定について著者名主記入方式を採用している。
④ 本目録規則の特徴の一つは，団体標目を取り入れていることである。
⑤ この規則が近代目録規則の基本となった。

第2項　ジェウェットの印刷カード用目録規則

　1852(嘉永5)年，Charles C. Jewett (1816〜1868 U.S.) は印刷カードのための，*On the construction of catalogues of libraries, and their publication by means of separate stereotyped titles, rules and examples.* という本を1852年に出版した。本書は，米国における印刷カード目録の嚆矢(こうし)となるきっかけをつくったものである。

① Jewett は図書館用の印刷カードを発案した。Jewett はスミソニアン博物館の館長を務めた。

② 米国議会図書館 Library of Congress では1915年より Jewett の考案した印刷カード Printed card を Wilson Co.より発売した。

第3項　カッターの辞書体目録規則

　1876(明治9)年，Charles Ammi Cutter (1837〜1903 U.S.) は下記の本を出版した。

Rules for a dictionary catalog.

① 米国の目録規則は本規則で固まった。特徴は件名目録規則があることである。

② この年，Dewey が *Decimal Classification* の第1版を刊行した。

③ この年，*American Library Association* が結成された。

④ この規則で，Author Catalog, Title Catalog, Subject Catalog の排列規則まで考案。

⑤ この目録規則が完備していたので，Vatican Library でも採用した。

⑥ 1904(明治37)年までには DDC は第4版まで完成していた。

第4項　アメリカ図書館協会（ALA）の最初の目録規則

　1883(明治16)年，ALA は下記の目録規則を定めた。

第3章　英米・欧州・日本の図書目録規則の歴史

A.L.A. Condensed rules for an author and title catalog.
① カッターが主となって，ALA が編纂作成した最初の著者書名簡潔目録規則である。米国における中小公共図書館用の図書目録規則である。

第5項　ディアツコの目録規則

1886（明治19）年，Dziatzko は下記のような書名 ABC 順目録規則を発表した。

Karl Dziatzko（1842～1903, Deutschland）

Instruktionen fur die Ordnung der Titel im alphabetischen Zetelkatalog den Koniglichen und Universitats. -Bibliothek zu Breslau-

① ドイツの目録規則としてまとまったものの最初で，その特徴は英米の目録規則と逆で，団体著者は標目としてとらないことを決めた。

第6項　日本文庫協会編の和漢図書目録編纂規則

1893（明治26）年，日本図書館協会（明治25年創立）の前身である日本文庫協会はかねてから編纂していた『和漢図書目録編纂規則』をこの年，発表した。

① この目録規則は日本における最初の和書と漢籍の目録の編纂の規則で，書名基本記入方式を採用していた。

第7項　ドイツ総合目録規則としてのプロシャ教程

1899（明治32）年，下記のようなプロシャ教程（目録規則）ができた。

Instruktionen fur die alphabetischen kataloge der preussischen Bibliotheken und fur der preussischen Gesamtkatalog vom 10. Mai 1899.（プロシャ教程）

① この目録規則は Deutschen Gesamtkatalog（ドイツ総合目録規則）と呼ばれ，ドイツ，スイス，オーストリア，スウェーデン，オランダなどで使用された。
② 英米の目録規則では，(1)著者名がない時は書名を標目とし，(2)書名を著者名目録に alphabetical 順で排列する。（例：Agricultural Year book とするように）
③ 総合目録作成のため，各館共通の目録規則を作る必要からこの規則はできた。
④ プロシャ教程（目録規則）では，(1)著者名の最初の名詞を排列基準とする。(2)団体著者名は認めない。（例：Yearbook, Agricultural とする）

第8項　ALA編纂の著者・書名記入目録規則

　1908（明治41）年，ALA は下記のような著者・書名記入目録規則を制定した。
　A.L.A. Catalog rules ; author and title entries.
① 1902年には ALA は Cataloging rules の Advanced edition（予備版）を発表。
② 1883年の目録規則を改定したものである。標目（Heading）の決定だけで，記述規則（Descriptive catalog）はこの目録規則とは別に定めた。
③ Library Association（LA，英国図書館協会）と ALA が共同してこの目録規則を作成した。したがって，この規則を「英米合同目録規則」といわれた。
④ LA と ALA との間で，合意できなかった規則が8箇条存在した。

第3章　英米・欧州・日本の図書目録規則の歴史

第9項　プロシャ教程の改正規則

1908（明治41）年，プロシャ教程を下記のように改正した。

Instruktionen fur die alphabetischen kataloge der preussischen Bibliotheken und der preussischen Gesamtkatalog vom 10. Mai 1899. 2. Ausgabe in der Fassung vom 10. August 1908.

① Entry word がドイツの場合では名詞となる。
② 書名の記述方法が複雑なため，この目録規則を必要とした。

第10項　日本図書館協会編の和漢図書目録編纂概則

1910（明治43）年，日本図書館協会では先の1893年の日本文庫協会編『和漢図書目録編纂規則』を改正して新たに「和漢図書目録編纂概則」を制定した。

① 本概則では英米目録規則の著者名主記入方式をとらずに，日本においては書名から記入するのが伝統であるとして書名基本記入方式を採用した。

第11項　日本図書館協会編の和漢図書目録法

日本図書館協会は，1932年，「和漢図書目録法・案」を発表したが，ここでは書名基本記入と著者基本記入とを並記した。さらに，翌年すなわち，1933（昭和8）年，日本図書館協会では先に編纂刊行した和漢図書目録編纂概則を全国の公共図書館で使用できる和漢書専門の図書目録規則を制定した。

① 昭和8年にJLAが編纂刊行した和漢図書目録編纂概則を全国の公共図書館で使用できる和漢書専用の統一図書目録規則を制定した。

第12項　青年図書館連盟編の日本目録規則

　1942(昭和17)年，関西地区中心の図書館員の連盟である青年図書館連盟は，先の1908年の英米合同目録規則にならった「日本目録規則」を編纂して発表した。

① わが国で最初に英米式の著者をメインエントリーとする目録規則を援用して，著者主記入方式の目録規則を斯界に発表した。

② この日本目録規則は通称1942年版と呼称され，和・漢・洋の図書に適用される規則であった。

第13項　帝国大学附属図書館協議会編の和漢書目録規則

　1942(昭和17)年，東京帝国大学を始めとするわが国の六帝国大学の附属図書館協議会は帝国大学付属図書館専用の図書目録規則を制定した。

① わが国の帝国大学附属図書館協議会は帝国大学附属図書館の統一的目録規則の制定に勤めて，標記の和漢書目録規則を作成した。洋書の目録規則は未だ制定をみていなかった。

第14項　米国の図書目録規則はALAの標目選定とLCの記述記入の二規則から構成

　1949(昭和24)年，米国図書館協会（ALA）は下記のような著者書名目録規則第2版とLibrary of Congress（米国議会図書館）の記述目録規則を制定した。

① 1949, ALA Cataloging rules for author and title entries. 2nd ed.（entry & heading）本規則ができる前に，ALAは1908年の目録規則の改訂試案 Preliminary editionを1941年に出して，1947年には，Rules for descriptive cataloging. preliminary ed. を発表し，2年後の1949年に本規則を制定したのである。

第3章　英米・欧州・日本の図書目録規則の歴史

② 本規則は目録の標目（編成標目）を与えて排列・編成するための統一的な体系の記入（Entry and Heading）のみの規則である。

③ 1949, Rules for descriptive cataloging in the Library of Congress.（Description）このLCの規則は，各図書を完全に他の図書から識別し得るように，その形態，内容，書誌的事項などを適切に記述していこうとする記述目録法である。

④ 1949〜1951年まで本規則のSupplementが出ている。

第15項　日本図書館協会編日本目録規則（Nippon Cataloging Rules）1952年版の制定

日本目録規則（NCR）1952年版は日本が第二次世界大戦の敗戦後に定めた標準的統一図書目録規則であるのでその歴史については少し詳しく記述することにする。

NCR1952年版制定経過を記すと，昭和23年7月，国立国会図書館顧問として来日した米国イリノイ大学図書館長R.B.ダウンズは1943年の青年図書館連盟編：日本目録法が，日本古来の規定のように，書名に拠らず，著者名に拠った点がよく，JLAの目録委員会はこれによった和漢書の新日本目録法の作成を期待したいと勧告した。

昭和24年7月，JLAは目録委員会を発足させて，NCR改訂作業に取りかかった。JLA目録委員会は昭和27年3月までに，NCR，帝国大学図書館協議会制定和漢書目録規則，米国図書館協会制定目録規則新版（1941年版，1949年版），米国議会図書館制定記述目録法（1947年版），ヴァチカン図書館目録規則英訳版（1948年版）などを参考に検討を加え，NCRの作成をほぼ完了した。

JLA目録委員会の目録法全体の構成は，下記の3項目であった。すなわち，

第1．標目に関する事項と標題以下の記述に関する事項を明確に区別した。

第2．新規則は和漢書に詳しく，洋書については和漢の翻訳書を取り扱う上に必要な程度に簡易化した。

第3．カードの記載形式は3段式とした。

以上の経過をもって昭和27年11月，ほぼ3年の検討を加えてわが国の最も基本的標準目録である日本目録規則NCRの全文が完成をみた。

第16項　国際図書館連盟（IFLA）のパリ原則の発表

1961（昭和36）年10月，国際図書館連盟の主催で，国際間の資料や資料に関する情報の交換，書誌情報の国際流通を図るために，パリにおいて目録原則会議（International Conference on Cataloguing Principles）の開催をみた。特に，団体著者に関して「英米目録規則」とドイツ系目録規則の調整をはかることを主目的に開かれ，標目と記入語の選定・形式に関する12項目にわたる原則（パリ原則Paris Principles）が覚書として承認・発表された。

パリ原則覚書は以下の12項目について適用するものとして承認をみた。

① 覚書の対象

著者名の記入・それが不十分な際の書名の記入が，図書目録の排列順序を決定する主たる要素である標目と記入語の選択と形式だけに適用される。

② 目録の機能

目録は当該図書館において有効な道具として，a）著者と書名，b）著者が図書に表示のない場合は書名，c）著者や書名が識別に不十分の場合は適当な書名の代替物によって，特定の図書が所蔵されているか確認できるものでなければならない。また当該図書館には，a）特定の著

者のどの著作が，b）特定の著作のどの版が所蔵されているか，確認できる目録でなければならない。

③　目録の構成

　目録は前述の機能を果たすために，目録が作成される図書について最低一つの記入，利用者の関心・図書の特徴から二つ以上の記入が必要である。

④　記入の種類

　目録の記入には，基本記入・副出記入・参照がなければならない。

⑤　複数の記入の使用

　1）著者名・書名からとった標目の下に作成された記入

　2）著者名・書名に別の形がある場合は，各図書の統一標目の下に作成された記入。統一標目には特定の形の著者名・特定の書名・著者名や書名で識別されない図書の適当な書名の代替物となる統一標目。

　3）適切な副出記入と参照の双方または一方の記入。

　以上の三つの記入があって目録の機能が最も効果的に発揮される。

⑥　各記入の機能

　1）著者名の下に記入される著作の基本記入は，統一標目の下に作成する。

　2）同じ著者の別の名前の下の記入は，参照の形をとるのを通常とする。

　3）著作の別の書名の記入は，副出記入の形をとるのを通常とする。

　4）副出記入は，共著者や協力者などの下にも作成する。

⑦　統一標目の選択

　通常は最も頻繁に使われている名前，又は目録の対象となっている著作の版に表示されている書名，もしくは権威ある著作が使用している書名を統一標目とする。

⑧　1人の個人著者
　1）1人の個人著者による著作であるすべての版に対する基本記入は，その著者名の下に作成する。
　2）統一標目とは，その著者の各著作の諸版において最もよく識別できる名前で，しかもそこで使われている最も完全な形とする。
⑨　団体の下の記入
　団体名つまり総称で知られている公共機関，組織体または個人の集合のような場合は，団体名の下に基本記入を作成する。
⑩　多数著者の著作
　複数の著者が，1著作の創作に協力した場合の基本記入は，
　1）図書中に1人の著者が主たる著者として表示されており，他の著者が従属的ないし補助的役割を果たしている場合の基本記入は主たる著者名の下に作成する。
　2）主たる著者が表示されていない場合の基本記入は，著者が2人ないし3人であれば標題紙上，最初の表示の著者名の下に作成し，他の著者は副出記入を作成する。著者が4人以上の場合には書名の下に基本記入を作成し，図書中に最初に表示されている著者を副出記入とする。
　何人かの著者の独立した著作又はその一部を収めた合集の基本記入は，
　1）総合書名のある場合には，合集の書名の下に作成する。
　2）総合書名のない場合には，合集中の最初の著作の著者又は書名の下に作成する。
　3）いずれの場合でも明らかな編纂者がいる場合は，編纂者名の下に副出記入を作成する。
　分冊刊行される著作の各部分の著者が異なる場合には，第1分冊の著者の下に基本記入を作成する。

⑪　書名の下に記入される著作

　書名の下に，基本記入を作成する著作には，著者未詳の著作・著者4人以上の著作で主たる著者のいない著作・総合書名をつけた合集・著者名よりも書名で知られている著作（逐次刊行物，雑誌を含む）などがある。

⑫　個人名の記入語

　個人著者の名前が数ヶ国語からなる時には，記入語は可能な限り，その著者の国籍のある国の慣用に従って選択する。これが不可能である場合にはその著者が通常用いる言語の慣用による。

　このパリ原則は IFLA が1974年に決めた国際標準書誌記述（International Standard Bibliographic Description：ISBD）となり，後に，この原則に従って各国は目録規則の基本原則として採用して行ったのである。

第17項　日本図書館協会編「日本目録規則」（NCR）1965年版の制定

　IFLA，1961年の目録法の国際的標準化を目指したパリ原則に従って，日本図書館協会はいち早くその採用を決めて，日本目録規則の改定に取りかかり，1965年に「日本目録規則」の改訂版を制定発表した。

　日本図書館協会編の「日本目録規則」（NCR）1965年版はパリ原則のとおり標目の選定に対しては著者基本記入方式を採用し，和・漢・洋の図書に運用可能な著者書名目録の規則としたのである。委細は1977年版の『新版予備版』に譲ってここでは省略する。

第18項　英米目録規則（Anglo-American Cataloging Rules：AACR I）の制定

　1967（昭和42）年，ALA と LA では協力して1961年のパリ原則に準拠

して，英米両国に共通する標準的目録規則として Anglo-American Cataloging Rules（AACR I）を制定した。

第19項　国際標準書誌記述（International Standard Bibliographic Description：ISBD）の制定

　IFLA は1974年，各国の全国書誌作成機関（日本では NDL）をはじめとする図書館や各種の情報機関などの間で，書誌レコードの国際的流通・交換の促進を目的として，記述目録法の基本となる規則を標準化するために ISBD を制定した。

　具体的には，書誌記述に含まれるべき要素を示し，これらの要素を表示する順序を定め，個々の要素を区切るための〈区切り記号〉を規定したものである。これらの規定によって，異なった機関で作成した書誌レコードの相互交換が可能となり，どのような言語で表記されたものでも個々の記録の意味を理解することが可能になり，さらには書誌レコードを機械可読形に転換することが容易になった。そのため，

① 書誌データをできるだけ網羅的に収録できるようにする。
② 書誌データの拠り所とする情報源と，その記録単位を定める。
③ 区切り記号の標準化によって，書誌データの同定識別と機械入力を容易にする。

などの配慮が払われている。

　IFLA は目録専門家会議（IMCE:International Meeting of Cataloging Experts）を開き，記述目録法について検討を開始し，1974年に至って単行書用の〈ISBD［M］〉が制定され，5年ごとにこの規準を見直す作業が実施されているのである。次に ISBD の全体像について簡略ながら展望することにしよう。

① 1977年　ISBD［G］の標準版総則制定。G とは General の略で，

本規準の総則の規定で，1992年に改訂版が制定されている。

② 1974年　ISBD［M］の制定。MとはMonographの略で，単行書の標準版制定のことである。1978年標準版改訂，1983年第2版予備版，1987年改訂版制定。

③ 1977年　ISBD［Serials］逐次刊行物標準版制定，1983年第2版予備版，1987年改訂版制定。

④ 1977年　ISBD［Cartographic Materials］地図資料標準版制定，1983年第2版予備版，1987年改訂版制定。

⑤ 1977年　ISBD［Non-Book Materials］非図書資料標準版制定，1983年第2版予備版，1987年改訂版制定。

⑥ 1980年　ISBD［Antiquarian］古書（1820以前の古書）標準版制定，1991年第2改訂版制定。

⑦ 1980年　ISBD［Printed Music］印刷楽譜標準版制定，1991年第2改訂版制定。

⑧ 1988年　ISBD［Component Parts］標準版制定。

⑨ 1990年　ISBD［Computer File］コンピュータファイル標準版制定，1995年第2版制定。

⑩ 1997年　ISBD［Electronic Resources］電子資料標準版制定，CFからの変更がある。

『日本目録規則新版予備版』の〈記述〉は，このISBDを踏まえて作成されており，その本版である『同1987年版』は全般に後述するようにISBDに準拠している。

第20項　日本図書館協会編「日本目録規則新版予備版」の発表

1977(昭和52)年，日本図書館協会はISBD［M］に準拠した記述ユニットカード方式による「日本目録規則」新版予備版を発表した。目録編成

の際に必要な記入（目録カード）を何枚も複製する場合，そのもとになるカードをユニットカードといい，このカードは必要な書誌的情報がすべて記載されている基本的なカードで，これを複製し，標目を追加して，個々の編成目録の各記入（著者・書名・件名・分類と副出記入，分出記入を含む）を作成することができ，この基本記入カードには著者又は書名（統一標目を含む）などの基本記入の標目が既に記載されているから，必要な標目をそのカードの上部に書き加えるため，複製されたカードには標目が二重になっていることになる。

「日本目録規則新版予備版」で，個々の図書について標目を記載せずに〈記述〉の部分だけがユニットになっていることから，これを〈記述ユニットカード〉といい，この法式を基本記入方式に対して記述ユニットカード方式という。

この方式では，記述ユニットカードを，標目指示に従って必要枚数を複製し，それぞれの標目を付加することによって目録の記入が完成することになる。

新版予備版の意図したところは，和書を物理単位で（1冊ずつ）記述した個別目録（著者・書名・件名・分類目録など）を編成することを目指していた。

すなわち，改訂予備版の改訂主要項目を述べると，下記のような7項目となる。

① 新刊和書が目録記入の対象であった。
② AACRⅡを援用して，記述ユニット方式の採用。
③ 標目はカナとした。
④ 著者名目録と書名目録は慣行に従って分離した。
⑤ 基本記入・補助記入の別なく，すべての記入は同等とした。
⑥ 記述ユニットカードはすべて1段式とした。

⑦ 目録記入は記述と標目で構成した。

第21項　英米目録規則（Anglo-American Cataloging Rules Ⅱ：AACRⅡ）の制定

　1981年，ALAとLAはUnit description systemを採用したAACRⅡを発表した。IFLAのISBDの標準書誌規準に従っているのは勿論のことである。この目録規則によりMachine Readable Catalog（MARC：機械可読目録）が可能となり，LCが主導して英米共通のOnline Public Access Catalog（OPAC）ができ上がったのである。OPAC（オンライン閲覧目録）の特徴的利点は下記のとおりである。
　① カード目録や冊子体目録に比べ，検索項目が多く，多様な検索を可能とする。
　② 検索項目の組合せや，検索結果の絞り込みも可能である。
　③ 目録データ以外に，貸出情報（貸出中，予約状況，返却予定日など）や図書の発注・受入情報などを付加することができる。
　④ カードの作成と繰り込みが不要になる。
　⑤ インターネット接続の図書館ではWeb上で図書館の蔵書情報が検索可能となる。
　米国においては書誌ユーティリティの提供する図書館目録作業支援サービス・ネットワークに参加し，オンラインで書誌データベースから必要データを取り込み，自館の蔵書データベースの構築が可能となり，同時に書誌データベースへ所蔵データを送り込み，全国的規模の総合目録データベースを共同作成することも可能となったのである。

第22項　日本図書館協会編「日本目録規則1987年版」の発表

　1987（昭和62）年，日本図書館協会は1977年の「新版予備版」を完成さ

せるべく,「JLA編日本目録規則1987年版」を発表した。1987年版の目録規則は,下記のような特徴的構成より成立している。

すなわち,①IFLAの国際標準書誌記述に対応してMARCの作成を前提としており,②〈ISBD区切り記号法〉を取り入れ,③さらに記述ユニット方式(UDS)を採用し,④書誌単位(同一の書誌階層に属する固有のタイトルから始まる一連の書誌的事項の集合)と,⑤書誌階層構造による記述の考え方を明確にしている。

目録法に新しく取り入れられた書誌階層構造という概念についてさらに詳しく説明する。

すなわち,目録等の書誌的記録を構成する書誌的事項には,全体とその部分という,上位と下位との階層関係が成立する場合があり,このような階層関係のことを書誌階層構造という。書誌階層構造があるときの上位・下位の位置付けを書誌レベルといい,基礎レベル,集合レベル,構成レベルの三つに区別される。

具体的には『新現代図書館学講座』は全17巻で構成され,第1巻『生涯学習概論』,第2巻『図書館概論』のように,各巻それぞれの固有の書名をもっている。この時『新現代図書館学講座』が上位の書誌レベルであり,これを集合レベルという。各巻の固有のタイトルである『生涯学習概論』や『図書館概論』が下位の書誌レベルで,これらを基礎レベルという。目録記述においては,通常は基礎レベルのタイトル(上記の例では『生涯学習概論』や『図書館概論』)から記述を始め,集合レベルのタイトル(『新現代図書館学講座』)はシリーズ名として記述する。逆に上位の書誌レベルのものから順に記述していく場合もあり,これは多段階記述様式といわれる。また,1冊の図書が複数の論文や作品で構成されている場合,個々の論文・作品を対象とする書誌レベルを構成レベルというが,これらはさらに下位の書誌階層である。

書誌階層という目録上の概念を採用すると，次のような次元が考えられるので，これに説明を加えることにする。

① セットもの，シリーズものなどの統一性のある目録が作成できる。
② MARC（機械可読目録）を前提とした目録法では，それぞれ他から分離することができる書誌的要素の集合で，目録記入が構成されている。
③ 総合目録における書誌的記録の照合作業，コピー・カタロギング，書誌情報アクセスなどの場面で，書誌階層を明確にする必要が生じてきた。
④ 文献入手（閲覧，相互貸借，複写依頼）の際に，その文献を収載している資料名を明示する必要があること。

このような理由によって，書誌的記録として書誌階層を明確にし，いずれのレベルの情報によっても検索を可能にしておくことが求められるようになったために，重要な目録上の新しい概念として書誌階層構造が目録法に登場したのである。

第23項　日本図書館協会編「日本目録規則1987年版改訂版」の発表

1994（平成6）年，JLAは「日本目録規則1987年版」を改定すべく，①ISBDのPunctuation（区切り法）を採用し，②UDSを取り入れた目録規則とし，③「日本目録規則1987年版」の改訂のためのドラフト案としてまとめたのである。

第24項　日本図書館協会編「日本目録規則1987年版改訂2版」の発表

JLA目録委員会は「日本目録規則1987年版改訂版」のためのドラフト案を1994年に発表し，2001（平成13）年に日本目録規則は，第9章の改訂を組み込んで「日本目録規則1987年版改訂2版」として刊行・発表した。

第25項　JLA編「日本目録規則1987年版改定2版　追加および修正」の発表

2005年6月，発表されたJLA編「日本目録規則1987年版改定2版　追加および修正」の改訂は，次の三つの部分から成立している。

第1　「第2章　図書」で，近現代の図書だけでなく和古書・漢籍にも適用できるように増補したものである。従来の第2章の条項には手を加えず，和古書・漢籍に関する条項（（古）と表示されている部分）を追加した形である。但し従来の部分は条項のみを掲載し，例示は省略した。

第2　同じく和古書・漢籍にかかわる「第3章　書写資料」の増補である。元来，第3章は古資料が主たる部分を占めるため改訂は全体にわたっている。

第3　「第13章　継続資料」である。これまで第13章は，もっぱら逐次刊行物を対象とするものだったが，新しい第13章では，いわゆる更新資料（加除式資料やデータベース，あるいはウェブサイトのように更新により内容に追加，変更があっても，同一の本タイトルのもとに，一つの刊行物としてのまとまりが維持されている資料）の条項が統合されている。そのために章のタイトルは両者を包括する「継続資料」となった。

改定作業の経過からいえば，継続資料が最も早くに着手され，その作業の過程で持ち上がった第2章と第3章の検討が同時並行的に進展した。『図書館雑誌』における検討方向の表明やウェブサイトの改訂案の提示を経て，2004年12月，中央区新川の日本図書館協会で，これらの章に関する検討会が開催された。その後，目録委員会で協議・検討を重ね，この改訂2版が刊行されるに至った。

これら25項にわたる目録規則の，①構成，②適用，③記載形式に係わる歴史的展望が，英米・欧州・日本における当該目録規則が現在の状況に至った経緯の概観である。

第4章　中国目録学略史

第1節　中国目録学史総説

　中国における目録学の源流は，西漢の末年に宮中の蔵書に基づいて劉向が「別録」を篇目し，その子劉歆は「七略」という書目を編纂したことに始まるという。

　本書が和漢書の目録について言及するからには漢籍に関係する目録について簡略にふれる必要がある。かような観点から中国目録学略史と簡潔な漢籍解題及び漢籍目録法について，以下に祖述することにする。

第1項　姚名達『中国目録学史』の目録学

　中華民国27年に刊行された姚名達著の『中国目録学史』によれば，「目録学者将群書部次甲乙，條別異同，推闡大義，疎通倫類，将以辨章学術，考鏡源流，欲人即類求書，因書究学之専門学術也」とある。中国における目録とは，古来より書物の分類登録のことをいうのである。また目録とは校讎（こうしゅう）の学とも言っている。校讎とは，文章を両人が相対して読み合わせ，照らし合わせて字句の誤りを正すことをいうのである。本を分類登録する外に，書物の由来や性質及びその内容・価値を比較検討し，さらに研究を加えると中国古来の学術の変遷の跡を明らかにすることが可能となるのである。

第2項　劉向「別略」と劉歆「七略」

　劉向は「別略」で秘書を典校する義例には，①異本を広羅し，②相互

第4章　中国目録学略史

に補充し，重複を除去し，③編章を條別し，目次を定著し，④訛文や脱簡を校讎(こうしゅう)し，正本を写定し，⑤書名を名定するとある。

　劉歆の「七略」を見ると，その分類篇目の義例には次の9項目がある。すなわち，

① 依学術之性質分類
② 同類之書約略依時代之先後為次
③ 書少不能成一類者，附入性質相近之類
④ 学術性質相同者，再依思想之派別，或体裁之岐異分類
⑤ 一書可入二類者，互見於二類
⑥ 一書中有一篇可入他類者得裁篇別出
⑦ 摘録敍録之綱要
⑧ 有書目而無篇目
⑨ 每種書目之後有小序每略有総序

と，姚名達は『中国目録学史』で劉歆の分類編目の意義と例を述べて，その始めに言及したのである。劉歆がいう「七略」とは，輯略，六芸略，諸子略，詩賦略，兵書略，術数略，方技略の七部法のことである。

第3項　四部分類法

　さらに，姚名達は『漢書芸文志』にふれ，継いで紀元3世紀に西晋の武帝の命により，荀勗が『中経新簿』の編集の際に，甲乙丙丁の四部法を初めて適用したことを述べた。その後，『隋書経籍志』によって，経・史・子・集の四部分類法が完成した。さらに，清の乾隆帝が紀昀らに命じて編纂した官撰の『欽定四庫全書総目提要』に四部分類が適用された。これが漢籍分類の規準として現在まで踏襲されているのである。

　四部分類の経部とは儒教の経典とその注釈書や評論書であり，史部とは歴史・地理・政治・法律の書籍，子部とは経書以外の諸子百家の書，

及び天文，歴算，医薬，宗教等の書と経・子・集の三部に入らないすべての書を収め，集部とは文芸作品，文芸評論の書を収めていることである。

第5章　漢籍目録法

第1節　中国目録規則概説

　ここで中国目録規則概説を述べるに際しては，特に本書が古文献整理法を呼称するからには，中国の古籍に関する目録規則の概説ということに限定する。
　現在，中国の書籍に関係する目録規則としては，すでに国家標準の一つとして，ISBDの原則を採用して普通図書を目録化するためには『普通図書著録規則』が，1911年以前に書写又は印刷された古籍を整理するために用意された『古籍著録規則』が刊行されている。
　台湾の中華民国においては，社会一般に出版されている新書の普通図書を資料組織化するためには『中国編目規則』が出版されている。この『中国編目規則』は，中国で出版された古くて珍しい，いわゆる「善本」ないし「古典」を整理するための目録規則をも包含している。

第1項　中国目録規則の問題点

　中国における目録規則上には大きな問題点が二つある。その1は，文字の字体の問題，すなわち図書の記述において簡体字か，繁体字のいずれを採用するかという問題。その2は，新書と古典をいかに取り扱うかという問題である。
　第1の問題点は，台湾においては繁体字を使用しているので比較的に問題点は少ないのであるが，中国編目規則では特に書誌データを扱う上でアクセスポイントについては，新書の場合，書名や著者を母国語読み

にするか，日本語読みにするかという問題が残るのである。

　第2の問題点の，古典と新書をどのように区別するかという問題は，特に漢籍については，NCR1987改定2版追加及び修正には「中国人の編著書で，かつ中国文で書かれたもの。狭義には辛亥革命以前のものをいう」とあるが，これは辛亥革命以前に内容が成立しているという意味か，その時点までに出版されているという意味かどうか，必ずしも判然としないのである。和古書については，NCR1987改定2版追加及び修正は「日本文で書かれ，日本で出版された和書のうち，明治より以前に刊行された図書」と定義している。このことは出版という観点から古典と新書を区別したということである。

第2項　古籍著録規則の情報源の難点

　一方，古籍著録規則では，古籍とは「主に1911年以前に書写または印刷され，中国の旧時代の文化を反映し，古典的な装丁の形式を備えた図書」としている。この場合の古籍とは，古典的な装丁による出版形式という形態による場合と出版年によって決めているのである。

　そこで問題となるのは，「古籍著録規則」「中国編目規則」ともに内容は古典だが，洋装形式の現代出版物は新しく活字で組まれた形態によるものであれ，古い時代の出版物の影印で1911年以後の図書であれ，新書として処理されることになっていることである。この場合，書名，著者名の記述の情報源が，古典と考えられる場合と新書の場合とでは異なってしまうということである。例えば，古典と考えれば情報源は巻頭に置かれ，新書の場合は標題紙が情報源となる。こうなれば，特に影印本の場合は書名が異なってくることが考えられる。また著者の記述においても，新書では標題紙にあるものをそのまま転記することになり，古典では正式名が原則であるから相互に異なってしまう可能性があることにな

第5章　漢籍目録法　　41

る。
　こうした古典の記述目録法の体系における情報源の問題は，元来，中国や日本における場合と西洋の場合とでは，前者には標題紙に相当するものが存在せず，古来より，書名や著者の記述に際しては巻頭を重視するのに対し，後者は西洋印刷術史における書誌的来歴に関しては標題紙（タイトルページ）の重視という両者には書誌学的観点からその経緯と展開において基本的な差が存在するのである。勿論，このことは出版事項（出版地・出版者・出版年）や対照事項（巻冊数・頁（丁）数・図版，表・大きさ・装丁）及び注記事項（叢書注記・一般注記・内容細目）においても，両者にはその情報源に決定的差異が存在するのである。

第3項　中国古典の目録規則の性格

　東洋における古典的な目録が提供してきた書誌情報には，①図書館の目録として必要なレベル，②一般の研究者・読者に必要なレベル，③書誌学研究者，あるいは特に版・テキストを研究するのに必要なレベルの三様が考えられる。古来よりの伝統的な目録は，四部分類では史部に位置づけられ，「史」とは記録を意味し，史部の書物は元来，記録であり，その時代の学術・文化を代表する書物の位置を決め，さらにはこのような記録を後世に伝える役割を保持している。したがって，今後の漢籍利用者の情報要求を満たす漢籍目録法は，従来からの目録に見られる処理方法と古典の持つ意味と役割を十分に発揮するように考慮することが必要なのである。
　漢籍目録法における具体的な問題として，
(1)　書名の記述法（単著・叢書・角書処理法・不完全書名）
(2)　巻数（書名の後に巻数を記入・巻数順序の表記・残欠，欠本，零葉処理）

(3) 著者事項（王朝名記入・共著処理・団体名・地方志処理）
　(4) 出版事項（何時，何処で，誰，出版方法・刊写の記述・刊年不明の処理）

等々に関する簡潔にして要領を得た目録法として筆者の畏友(いゆう)で図書館情報大学名誉教授の和泉新氏の『漢籍目録法』の記述諸例を次に参考のために掲載することにする。（本節の執筆には『漢籍とその周辺』図書館情報大学 和泉 新 教授 退官記念会編・刊〈平成11年〉所収論文「標準化・機械化と漢籍目録」松本浩一著に負うところが多い）

第2節　漢籍目録法－記述諸例－　（和泉 新 編）

第1項　書　名

1．原則として，本文の首行すなわち巻首（巻頭）に見えるものを，そのまま記入する。
2．巻首によるべきもののない場合は，目次（目録）・巻尾（巻末）・序跋・封面・板（版）心・題簽(だいせん)などをたがいに参照して書名を定める。この場合の優先順位は，おおむね上の順序による。
3．叢書・叢刻などの書名は，総目・序・封面・板心・題簽などによる。優先順位は，おおむね上の順序による。
4．巻頭首行だけでなく，次行も合せて完全な書名となるものもある。
5．巻頭首行だけに納らず，次行・三行にわたる長いものもあるが，一切省略せずに，そのまま記入する。
6．書名に冠せられた増訂・校補・重刻などの冠称（角書(つのがき)）も省略せずに，そのまま記入する。
7．巻首書名のほかに「一曰××」「又曰××」などと異名（別名）が記されている場合は，書名のあとに「即××」と付する。

8．巻首の書名が内容を言い尽していない場合は，著者の項で補う。
（例）　論語十巻（魏）何晏(かかん)・集解
9．いずれにも書名を見出せぬ場合は，ごく常識的な仮称をつける。

第2項　巻　数

1．書名のあとに，原則としてすべて巻数を記入する。
2．叢書・叢刻の場合は，原則として巻数を記入しない。叢書・叢刻は子目において巻数を記入する。
3．全体の巻数が明記されている場合は，たとえその中が細分されていても，それを数えることはしない。
4．叢書・叢刻を除き，乾坤・上中下・元亨利貞・甲乙丙丁……などで順序を記したものは，それぞれを一巻として数える。
5．巻の区分のないものは「不分巻」と記入する。巻の区分は丁数がよりどころとなる場合が多い。
6．巻首巻末の記述は，特定の題がついている場合はその題により，そうでないものは，「首×巻」「末×巻」と記入する。ただし，たとえ目次・板心などに巻首・巻末などに巻首・巻末と記入されていても，それが書物の内容にかかわる記述でなく，たとえば序文，目次，凡例のごときものばかりであれば無視する。巻首・巻末の中には，年譜・行状が収められていることが多く，これらは注記事項に記入するとともに副出記入することが必要である。
7．補遺・校記などは，わずかなものでも一巻として取り扱う。
8．本文各巻の末または各巻の中に散在する考証などは巻数をつけず，書名・巻数のあとに「付考証」と記入する。
9．刊刻以前より，欠けていたものは，「原闕(げんけつ)×××」「原闕×巻第×至第×」と巻数の次に記入する。

10. 欠本は，「残××巻」と記したあと「存巻第×至第×」と記入し，残存巻数を明示する。
11. 欠本あるいは補鈔・補配のある場合は，出版事項を記したのちに，「闕巻第×」「闕巻第×至×」「巻第×補鈔（配）」などと注記する。
12. 叢書・叢刻に欠本あるいは補鈔・補配のある場合は，叢書・叢刻の出版事項を記したのちに，子目をとり出してその旨を注記する。
   （例） 明刊本　嬾真子巻巻第二至第五補鈔。
13. 零葉しかないものは，「残一巻」とせずに「零片」と記入する。

第3項　著者事項

1. 原則として，王朝名を記したのちに姓名を記入する。
2. 先秦の書物には，著者名を記入しない。
3. 姓名が明らかでないものは，字や号を記し，まったく闕名とする。
4. 改名したものについては，原則として最後の名をとる。
5. 朝代の不明なものは，□とし，二代にわたるものについては，最後の官職にあった王朝をとる。遺民は，その志を汲み，勝朝をとる。
6. 帝王には廟号・諡名を記し，僧侶には「釈」の字を冠する。
7. 共著の場合，各人の執筆部分が明らかなものは姓名を連ねて記入し，各人の執筆分担が不分明なものは姓名を連ねたあとに「同撰」と注記する。
8. 三人以上の著作で，主要人物を一人取り出してすむ場合は，姓名のあとに「等」と注記する。
9. 書物に校訂・評閲・輯録などの記載があっても，虚名のものはとらない。詩文集の輯者のごときものもとらない。
10. 団体名を記したものは，可能のかぎり人を中心に考えるが，近現代の刊行物の場合は，団体名をそのまま記入する。

第5章　漢籍目録法

11. 自己の著述を撰とし，他人の著述を編纂したものを輯とし，自己または他人の著述に注釈をほどこしたものを注とする。(ただし，書名に××注とあれば，撰となる)。校訂したものを校とし，補続したものを補とし，按語を加えたのを按とし，記録したのを録とし，翻訳したものを訳とし，抜粋したものを選とし，音釈したものを音とし，絵を画いたものを絵とし，帝王のかいたのを御撰または御定とし，勅撰を奉勅撰とし，注をあつめたのを集注とし，注を増したのを増注とし，原撰を指して原本とする。このほか，句讀，考釈，補修，続輯などの語が用いられる。
12. 地方志の場合は，巻首に見える職名の中の刺史または知県を修とし，実際の編纂者を纂とする。公撰でない個人の著作は撰とする。

第4項　出版事項

1. いつ，どこの，だれが，いかなる方法で刊写したか----を記入する。
2. 刊写の記述は，鈔本・刊本・活字本・排印本・石印本・景(影)印本・打字印本・景照本などによって行う。
3. これらの事項は，巻首，封面，序跋，刊記などによって定める。
4. 叢書・叢刻の場合は，総目も判断の資料となる。
5. 序文が刊行について明言していないものの，およそ序の書かれた時の刊行と推定できるものは序に記された年を記し「序」の一字をつけ加える。
6. 鈔刻するにあったて用いた底本が明記されている場合は，據××刊(鈔)，據××重刊，據××排印と記し，××の部分に底本を書く。景印本・景照本の場合は，「據」のかわりに「用」の字を用いる。
7. 鈔本(写本)は鈔手が特に著名人のばあいに，その姓名を記す。
8. 鈔刻の時・場所などが不明の場合は，ただ鈔本・刊本とだけ記入し，

後考を待つ。
9．刊年が不明の場合でも，およそ時代が推定できるものは，宋刊本・元刊本・明刊本・清刊本と記入する。
10．補刊（補刻）・補修のあるものは，その旨を書き加える。
11．著者・刊行者において，父子孫などの関係が明らかなものは，その旨を記す。

本目録法について幾許(いくばく)かのコメントを付すと，
① 従来の漢籍目録法は漢籍の資料組織において専門家用に作成されているのに対し，和泉新編の漢籍目録法はその仕組みと目録規則が簡潔であり，さらには従来の目録法より易しい規則をもってその整理法に臨むことを目指している。
② 次にいえることは，目録規則が易しさを保持しているにもかかわらず，従来の目録大系との整合性を保持していることである。

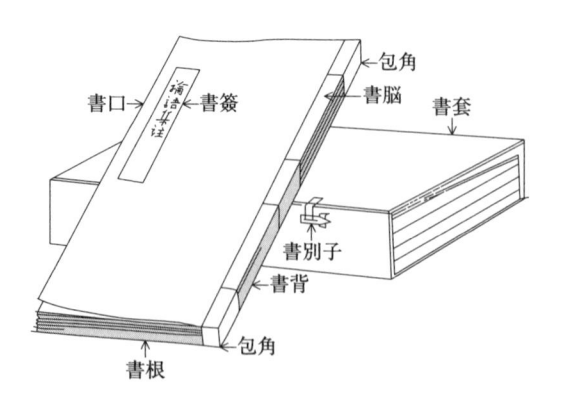

図版（１）　漢籍目録法の線装本の図
（和泉新編「漢籍目録法」による）

第5章　漢籍目録法　　　　　　　　　　　　　　47

図版（2）　漢籍目録記述例　「廣輯詞隱先生南九宮十三調詞譜26卷即南詞新譜」

（卷首）　　　　　　　　　　　　　（標題紙）

（標題紙裏奧付題）
据明嘉靖刻本影印

南词新谱（全二册）
出版：北京市中国书店
发行：北京市新华书店
印刷：北京新兴胶印厂印刷
1985年3月第1版　1985年3月第1次印刷
开本 787×1092　1/32　印张：28 875
定价　5.80元

［目録諸例］

目録（卷首）
　　　南詞新譜上下
　　　　詞隱先生編著　鞠通生重定
　　　北京市中国書店，1985　影印　　2冊

　　　　原本：明嘉靖（1522—1566）刻本

目録（目首）
　　　廣輯詞隱先生南九宮十三調詞譜26卷 即 南詞新譜
　　　　明・沈璟（詞隱先生。1553—1610）撰　明・沈自晉（鞠通生。1583—1665）重定
　　　1985年北京市中国書店用順治十二年乙未（1655）吳江沈氏不殊堂刻本影印　2冊

第6章　簡明漢籍解題略説

第1節　中国における経書概説

　中国においては儒教の経典を経書あるいは単に経と称しているが，経書の数は時代によって変動するが，宋代になって十三経の名は定まり，易経に始まって孟子に終る13種の経典が後世にも準用された。これらの経典は普通の書籍と違って特別な待遇が与えられている。清朝の乾隆帝が勅命をもって編纂させた四庫全書は経史子集の四部分類のうち，経部を最も尊いので首に置いた。

　さて，十三経とは，易経（周易），書経（尚書），詩経（毛詩），周禮，儀禮，禮記（礼記），春秋左伝，春秋公羊伝，春秋穀梁伝，論語，孝経，爾雅，孟子の13種である。本解題は十三経を主とする。

　儒教が国教のような地位を与えられた漢代には，経書といえば五経の易，書，詩，禮，春秋だけだった。春秋はその経文のみを指し，公羊伝は経ではなく，経の解釈でしかなかった。今は十三経に数えられている論語も，漢代には経とはいわずに伝に入っていた。経と伝の違いは経は孔子以前に存在していた古典であり，伝とは，孔子以後の所説で経より権威の少ない伝として取り扱われた。晋代に入って先聖を孔子，先師を顔回と定め，唐代に孔子言行録である論語の尊崇が高まったのである。

第1項　四書五経

　漢籍目録法に言及するからには，簡潔な漢籍解題を予め施しておく必要を認めるものである。それでは漢籍の代表とも見られる四書五経につ

第6章　簡明漢籍解題略説

いて，まず簡明な解題を述べることにする。本節を執筆する上で参考に供した文献は，『漢籍解題』(桂五十郎著　明治書院　明治38年刊)であることを述べ，その学恩に謝意を表す。

　それではまず，中国における儒教の経典である四書とは大学，中庸，論語，孟子をいう。大学はもと「礼記」の中の一篇であったが，宋代に四書の一つに加えられて重視されるところとなった。身を修め，さらに国を治める治世の根本原則を述べている。「中庸」は孔子の孫の子思の作と伝えられ，元来は「礼記」の一篇であった。南宋の朱熹が四書の一つに加え，「中庸章句」という注釈書を作った。天と人を結ぶ原理を説いたものとして宋代以降重視された。「論語」は，春秋時代の孔子とその弟子達の言行録を集めたもので，20編ある。孔子の仁の思想が語られ，儒家の中心的経典として中国伝統的思想の根幹となっている。「孟子」は戦国時代の魯の思想家孟軻が孔子の思想を祖述した作で，仁や孝悌を重んじ性善説に基づく王道政治を説き，後世「孔孟」と併称された。

　五経とは詩，書，礼記，易，春秋をいう。詩とは経書の一つで，孔子が取捨選定したといわれる古代の詩311篇を収めたものをいう。書とは書経の略で，五経の一なり。書経には為政の真が記してある。礼記とは五経の一で，前漢の戴聖が禮の記録を調べて49篇にまとめた。儀禮の解説と音楽・政治・学問における礼の根本を述べたものである。易とは儒教の五経の一で，易経は卜占のことを記したものである。春秋とは孔子の著した書で，魯国の歴史すなわち，周の平王から威烈王以後秦統一までの戦国の歴史をいう。

　詩，書，禮記，易，春秋に樂経を加えて六経という。一説には易，書，詩，周禮，禮記，春秋を六経ということもある。易，書，詩，周禮，儀禮，禮記，公羊伝，穀梁伝，左伝，を九経という。または，易，書，詩，周礼，禮記，左伝，孝経，論語，孟子を九経という説もある。之に儀禮，

公羊伝，穀梁伝，爾雅を加えて十三経ということもある。以下，儒教に関係する書物の内容について簡明にふれることにする。

第2項 詩

　詩は三千篇あるという。孔子が音律に叶(かな)う人の教えとなるもの311篇集めたといわれている。詩には，①風，②雅，③頌の3種がある。

　① 風

　風とは国風のことで，国風には周南，召南，邶，王，鄘，衛，鄭，斉，魏，唐，秦，陳，檜，曹の十五があるという。

　② 雅

　雅は正なり，政ともいう。小なる政の詩を小雅という。大なる政をいう詩は大雅という。周の朝廷の卿，大夫，賢人，君子がこの詩を作って，政を求めたといわれている。

　③ 頌

　頌には周頌と魯頌と商頌があるという。頌は容であるという。徳は心にあって目には見えないもので，この徳を現わすように詩を作って神明に申すものとした。

　詩には六義があって，風，賦，比，興，雅，頌がそれであるという。風，雅，頌は三経といい，賦，比，興は三緯という。賦はありのままをいい，比は日月風邪雲草木鳥獣を人に譬(たと)えていう。興は目前に見えたものをいう。四季の時節を興というのである。詩を周の世の詩なので周詩という。

　詩経とは，経はつねなることをいい，聖人の書は天下古今をたずねて行うべき道だという。

　毛詩とは，前漢の博士毛萇の詩を伝えて毛詩という。後漢の鄭玄の注釈を「鄭氏箋」という。

魯詩とは，魯人の申公が伝えた詩のことをいう。

斉詩とは，斉人の轅固生が伝えた詩をいう。

韓詩とは，燕人の韓嬰が伝えた詩をいう。

第3項　書

　書とは，文であり，記すものであり，書くものである。虞，夏，商，周の4代の政を記す故に書というのである。虞，舜の時の書を虞書という。虞書には5篇がある。夏の時の書を夏書といい，これには4篇がある。商の世の書を商書という，商と殷と通用する世の名にして，これには17篇がある。周の世をは周書といい，周書は32篇がある。前漢の孔安国はこの58篇を伝えて伝を作り，これを尚書というのである。

　書の第一は尭典という。唐尭の徳と政を記し，虞舜の世の史官の筆になるを虞書という。書の第二は舜典である。虞舜の徳と政を記すものなり。尭舜は大聖人にして天下之主である。その言行を伝えて尭典・舜典と名付けた。

　夏書の第一は禹貢である。夏の禹王は治水の政を書している。商の第一は湯誓である。夏の桀の無道なるによって，殷の湯王は義兵を起こして，これを討った。大甲は湯王の孫なり，湯王の大臣伊尹はこれを教訓にして，桐官より之を迎えて天子となす。これを大甲の篇とした。

　周書の第一は秦誓である。周の武王は殷の紂を討伐しようとして，道理を述べた。これを秦誓の篇となした。洪範は夏禹よりこれを伝えて，箕子が記したものである。洪範は武王の問いに箕子が授けたものである。洪範には水火木金土の五行の理を解き明かしたものである。貌，言，視，聴，思を明らかにして身を治めることを法という。食，貨，祀，司空，司徒，司冠，賓，師を八政となし，天下を治めるには，この八政をもってすることにした。

第4項　礼　記（禮記）

　礼記とは，経書の名で全49編があり，その内容は孔子が集めた書である。礼記・周禮・儀禮を三禮といい，また中経ともいう。礼記・春秋左氏伝は大経で，易経・書経・公羊伝・穀梁伝は小経という。大学，中庸も礼記に含まれる。前漢の戴徳が伝えたものを大戴禮といい，戴聖が伝えたものを小戴禮という。小戴禮のことを礼記というのである。後漢の鄭玄が礼記に註を施したものが世に伝えられている。

　その内容を見ると，曲禮，上下篇，内則，少儀の4篇は小学を記し，月令は春夏秋冬の次第を記している。その樂記は音楽の道理を説き，冠義は元服を説き，昏義は嫁娶を説いている。郷飲酒義，燕義は飲酒の禮を説き，射義は弓箭（きゅうや）の理屈を述べ，聘義は天子諸侯の往来の義を述べ，その他は葬祭の義，祭祀の法を記しているのである。

第5項　周　禮

　周禮は儒家の経典の一つで，周公旦が摂政の六年間に作り，統一天下の理想的官制を記した書である。天地春夏秋冬に象（かたど）って六官を立てたので，故に六典と号した。以下にその官について略説する。すなわち，

① 天官冢宰とは，天子をたすけて百官を統（す）べるという。日本の太政官中務省の類という。

② 地官大司徒とは，民部省の如きもので，民政全般を掌（つかさど）り，特に財政を担当。

③ 春宮宗伯とは，天神地祇の祭祀を掌り，日本の神祇省，治部省の如きもの。

④ 夏官大司馬は天下の兵馬の権を掌握し，日本の兵部省，鎮守府の如きもの。

⑤ 秋官大司冦は訴訟の権を掌握し，日本の刑部省，弾正台の如きも

第6章　簡明漢籍解題略説

の。

⑥　冬官大司空は土地・人民を掌り，日本の大蔵省・宮内省の如きもの。

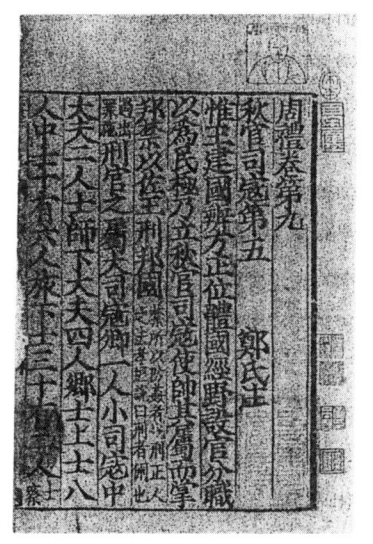

（押捺法の参考図）

図版（3）　重要文化財『周禮』宋　孝宋朝（12世紀）刊
（靜嘉堂文庫「中国宋元版展」による）

第6項　儀　禮

中国，儒教の経典の一つで，周公旦が摂政の時に撰定したという。その成立は戦国末から漢初と推定され，周代から春秋時代にかけて宗教的，政治的儀禮を収録したもので全17篇がある。周禮・禮記・儀禮を三禮という。以下，その17篇を略説する。

第一　士官禮　これは男子二十才の元服の儀式をいう。
第二　士昏禮　これは士の嫁娶りの儀式をいう。
第三　士相見禮　士の相看の儀式をいう。
第四　郷飲酒禮　諸侯の大夫が3年に一度の君前にて酒を飲む儀式

をいう。
第五　　郷射禮　　春秋学校にて弓を射る禮儀をいう。
第六　　燕禮　　　諸侯が群臣と酒を飲む儀式をいう。
第七　　大射　　　祭礼の時に群臣が弓を射る儀式をいう。
第八　　聘禮　　　諸侯へ使者を派遣する際の儀式をいう。
第九　　公食大夫禮　君子が大夫を召して飲食を賜う儀式をいう。
第十　　覲禮　　　諸侯が君子に相見える禮をいう。
第十一　喪服　　　喪の禮をいう。
第十二　士喪禮　　士の喪禮をいう。
第十三　既夕　　　士の喪禮の下篇
第十四　士虞禮　　父母を葬って魂を迎える儀式をいう。
第十五　特牲饋食禮　士の祖祚を祭る儀式で，猪子祭ともいう。
第十六　少牢饋食禮　諸侯の祖祚を祭る儀式をいう。
第十七　有司徹　　少牢饋食禮の下篇である。

　本書の注釈本には，後漢の鄭玄の註があり，宋の朱文公が『儀禮経伝』を編纂す，また，元の呉澄が『三禮考註』を編んでいる。明朝の柯尚遷は『儀禮全経』『周禮全経』『曲禮全経』を編纂している。

第7項　樂　経

　中国の古代における黄帝，尭，舜，禹，湯文王，武王の代々の樂を記した書である。樂とは宮・商・角・徴・羽の五音を六律六呂に囃(はや)し，金・石・糸・竹・匏・土・革・木の八音を以て奏でることをいう。樂経は禮樂とも称し，禮で社会の秩序を保ち，樂は人心を感化する作用があると尊重された。樂経は孔子の書とす。

第8項　周　易

　中国の周代に行われたとされる古い法を易という。正義には易簡，天地自然の理をいい，変易，寒暑年月の移り変わりをいい，不易，天地常位の理があり，この三つを易という。朱子本義には「易の辞は周文王と周公との言葉故に周易という」とある。易は陰陽説に基づき，陽を一，陰を ── で表し，さらに乾坤の類い，あるいは天上は天気下（さ）り，地下は地気が騰（のぼ）るということで陰陽を表すという。火・水，澤・山などが交易し，吉凶・禍福・進退・去就も皆交易なりという。太古の聖人伏羲が河水より龍馬が出現し，背中に河図の紋があったので，これで八卦（はっけ）を作り，天地陰陽万物の象数の尽（ことごと）く備え，その生成・発展・消長をこれで説明した。八卦を畳み重ね8×8の64卦とした。毎卦には六爻（こう）があり，6を64乗して384爻とした。これが総て合うときは万事が叶うとなした。亀卜と蓍（めとき）50本を用意し，うち一本を除いて49本を指に挟み，吉凶禍福を占うことにした。

　朱子も易はは卜筮（ぜい）の書とした。元々，八卦とは周の文王が卦辞と称して各卦に説明を付け，周公が爻辞（こうじ）と称して解釈を下し，孔子が十翼と称してその原理を明らかにしたという。後世，易経として五経に加えられ，易といえば，今では周易を指すことになっている。

第9項　春　秋

　中国の史書で，春秋時代の魯国の年代記である。成立は前480年頃，隠公から哀公までの242年間（前722～前481）にわたる事跡を編年体で記した。「其年其月其日何事有り」の如く記事を録し，日の上に月を記し，月の上に時を記す。時とは春夏秋冬で，春正月，夏四月，秋七月，冬十月と記す。時の上に年を記す，之を史官が筆を取りて，年を編む法となすのである。

春は夏を兼ね，秋は冬を兼ねるので，史記の名を春秋とするのである。春秋の教えは勧善懲悪を宗となす。その記事は「元年春正月公即位」とする。「元年」は年の始め，「春」は年の始め，「王」は天命を受ける始め，「正月」は月の始め，「公即位」は一国の始めなり。「元年正月」と書くのを春秋の筆法という。

天地の徳を乾元坤元というのは，元は善の長なり，則仁なのである。正は正しきことで，自ら正して人を正しくすることを政というのである。故に，君の即位は元年にするというのである。年の始めの月を一月といわないで正月というのである。春秋時代とは，周の東遷から晋が三分して韓・魏・趙が独立するまでの360年間（前770～前403）をいい，周室の権威が衰え，諸侯が抗争のうちに淘汰され，一方，相次ぐ異民族の侵入に対して尊皇攘夷を名目として有力諸侯が糾合して覇権を唱えた時代をいうのである。

第10項　左伝・公羊伝・穀梁伝

左伝・公羊伝・穀梁伝を三伝といい，いずれも孔子の著した春秋の註釈書である。

左伝は，魯国の史官左久明が伝えた書なるを以て左伝と称する。

公羊伝は，齊国の人公羊高が伝えた書であるので公羊伝と号するのである。

穀梁伝は，魯国の人穀梁赤が伝えた書であるので穀梁伝と称する。

宋の胡安国の「春秋三伝」の註を「胡氏伝」という。鄒氏・夾氏の伝を合わせて「春秋五伝」となしている。

第11項　孝　経

孝経とは，孔子と弟子の曾子の問答形式で孝道について述べた書で，

孝を最高道徳とし，これを治国の根本と為(な)した。孝には，天子の孝，諸侯の孝，卿大夫の孝，士庶人の孝があり，これらを孝経という。孝経には漢の孔安国の伝があり，また唐の玄宗の註があり，これを「御註孝経」という。

第12項　爾雅(じが)

中国最古の辞書で3巻がある。特に詩経の訓詁解釈の古典用語を収集整理した辞書である。子夏の編輯といわれ，人倫の名，天文地理の号，楽器・器財の名，草木鳥獣の号に至るまでの書を集めて，古の名は今の此の名なり，古の字は今の此の字なりと注釈をしている。五経を習った者に字義を教えることを爾雅の教えという。爾雅に関係した書物には広雅，埤雅，爾雅翼などの書がある。孔叢子の小爾雅，魏の孫炎の「爾雅正義」なども有名である。

以上，十三経を簡明に説明して，漢籍解題を終ることにする。

第2節　朝鮮本解題抄

第1項　朝鮮本の特徴

朝鮮で刊行された書物で，特に李朝時代の版本や活字本を朝鮮本と呼称している。韓国における出版の歴史は，新羅・高麗時代に始まるというが，その淵源(えんげん)はいずれにしても中国の出版文化に求められるのであろう。ここでは，朝鮮本ないしは韓本及び高麗版などと呼ばれる書籍の持つ形態上の典型的特徴を挙げると，
① 版形は大型本で，表紙は堅牢な蝋引(ろうび)きの黄色染紙を用いた美麗な本が多い。
② 朝鮮本には金属活字と木活字による古活字版が多く出版されてい

ること。大型本の版本ももちろん多く出版されている。
③　朝鮮本の綴糸は和古書や中国本のそれと比較すると赤く染めた太めの絹糸を使用しており，その綴じ目は五つ目綴が多い。これを「五針綴粧法（ていしょうほう）」などと呼んでいる。
④　朝鮮本は李朝時代に多く製作された書物が多い。
などの4点に，朝鮮本の特徴は集約できると思う。

第2項　韓国出版略史

　朝鮮における最古の印刷本は，慶州仏国寺釈迦塔から出た「無垢淨光大陀羅尼経」といわれ，わが国の称徳天皇が国家安泰を祈念して南都十大寺に神護景雲4(770)年に寄進した百万塔陀羅尼経より20年古い新羅時代，景徳王10(751)年という。高麗時代には高麗版一切経として知られる大蔵経が開版され，また活字印刷も高宗（13世紀）期に行われたという。

　清州興徳寺刊行の「白雲和尚抄録佛祖直指心体要節」（フランス国立図書館蔵）は，現存する世界最古の金属活字本である。活字本が出版されたのは次の李朝時代である。太宗3(1403)年に癸未活字が鋳造され，庚子字（世宗2(1420)）年・甲寅字（同16年）などが引き続いて鋳造された。活字には銅・鉄・木・陶があるが，これを使用した本には王朝の記録から，族譜・一般書など数多く伝存している。

　李朝活字が文禄・慶長の役を契機にわが国に将来されると，いわゆる慶長古活字版の出版が盛行するようになった。これは，わが国の嵯峨版や慶長勅版などの近世活字版上梓のきっかけとなったものである。

第3項　朝鮮本『大典会通』の解題

　「大典会通」は李太王の2(1865)年，官領議政の趙斗淳らの奉勅撰に

よって編纂刊行された朝鮮李朝時代の五百年にわたる各般の法令集である。本書は「大典通編」を本とし，通編以後の90年間の受教及び定式を補録し，これを一書に会通し，原・続・増の三典と成し，その本文を陰刻標掲し，新補の箇条や補字は陰刻で標示した全6巻の大型版本である。当該本には写本の伝本も多い。編者の趙斗淳は，楊州の二憂堂泰采5世の孫で，正祖丙辰（1796）に生まれ，高宗庚午（1870）に没した。諡を文献という。

第4項　朝鮮通信使と書籍文化

　通信使とは，朝鮮国王が書契（国書）及び礼単（進物）をもって徳川将軍に派遣した外交使節団のことをいい，江戸期には12回，日本に渡来している。その目的は，和好保持と将軍襲職の賀と国情探索にあった。その交流によって結果的には膨大な記録・詩集・絵画・芸能などを日本にもたらした。朝鮮側の主な記録には慶長度の『海槎録』（慶七松）・元和度『東槎上日録』（呉允謙），扶桑録（李石門）・寛永度『東槎録』（姜弘重）・明暦度『扶桑日記』（趙珩）・天和度『東槎日録』（金指南）・享保度『海游録』（申維翰）・寛延度『奉使日本時聞見録』（曹蘭谷）・明和度『癸未使行日記』（呉大齢）・文化度『通信日録』（金履喬）などがある。

　日本側には，対馬の宗氏の朝鮮外交に対する旧来の放任政策を幕府が改めて対馬国府中に「以酊庵」を寛永12（1635）年設置して，外交事務を監察させ，往復書簡を管掌した結果できた『日韓書契』や『本邦朝鮮往復書』などの記録がある。絵画では『朝鮮通信使船団図屛風』や『朝鮮国書捧呈行列図巻』『朝鮮人物旗仗轎輿之図』などの大型の屛風や巻物が残存している。

　　　　　　　　　　　　　　（『国史大辞典』通信使の項参照）

第7章　古文献（和古書）整理法のための新目録規則とその解説

第1節　古文献ないし和古書の目録法

第1項　古書目録法序説

　第1章の古文献の定義を整理して述べれば下記のように要約できる。すなわち,

① 書誌学上の古文献とは江戸時代以前の図書・稀覯書(きこうしょ)・禁止本(いっ)・佚(しょ)書などと定義した。

② 文献学でいう古文献とは，主として希臘・羅馬(ギリシャ・ローマ)の古文献と定義している。

③ 文芸学上の古文献とは，近代以前の詩・小説・戯曲などの文芸作品をいった。

④ 考証学がいう古文献とは，昔の制度や文物を知る資料となる記録をいった。

⑤ 古文書学がいう古文献とは，古文書・古記録・日次記(ひなみき)などを古文献といった。

　さて，それでは目録法でいう古文献とは，日本における近代目録法の基礎となった日本目録規則1952年版が対象とする古文献の内容は，第1章第1節第6項で，問答書から始めて古代律令や詔勅，無著者名古典，無著者名図書，勅撰書などのほかに，地方志，系図とか神書，仏書，稀覯書，校訂書，訓点書，批点書，注釈書，正本，謡本(うたいぼん)，丸本，金石文，目録，書誌などを目録規則の上で古文献として取り扱うことが出来るものとした。

第7章　古文献（和古書）整理法のための新目録規則とその解説

　古文献の範疇に入るものには，①古書・②古本・③稀書・④貴重書・⑤古典籍などがあるが，「日本目録規則1987年版改定2版　追加および修正」では，新たに「和古書」という概念を導入した。和古書という目録概念は「日本人の編著書で，日本文で書かれ，日本で，主として江戸時代まで（1868年以前）に書写・刊行された資料」というふうに改めて定義をし直したのである。
　そこで，古文献の意味を，目録法上ではさらに，下記のように言い直せるのである。

① 古書とは，1952年版の NCR では「和漢書では一般に徳川末期までの図書及び明治中頃までの和装本」と規定していた。

② 古本（ふるほん）とは，『図書館用語集　三訂版』では Second-hand book のことで，「新本（あらほん）に対して，一度以上読者の手に渡ったことのある本」と定義している。因みに申し添えれば，同用語集では，古書（こしょ）も同義と規定している。

③ 稀書とは，1952年版 NCR では「出版又は書写の年代が古いか，又はその理由で，伝来の少ない図書」と規定している。

④ 貴重書とは，Rare book のことで，『図書館用語集　三訂版』では「古い，珍しい，などの理由で貴重な本」と規定している。図書館では一般に写本や古い時代の刊本など，二度と手に入らない可能性の高い図書を〈貴重書〉に指定し，禁帯出本として扱い，また何らかの閲覧制限の措置をとるなどして，特別に別置保管する例が多いとしている。

⑤ 古典籍とは，日本で最も権威のある古書入札販売会を主催している東京古典会の平成16年の「古典籍展観大入札会」の「ごあいさつ」からそれを要約すると，「先人から託された尊い典籍で，善本や稀覯書などを含む書籍」ということになると言っている。

このような古文献ないし和古書の目録を作成する規則については，「日本目録規則1987年版改定2版　追加および修正」の「第2章　図書」の規定を和古書・漢籍にも適用できるように増補したとある。従来の第2章の図書に関する条項には手を加えずに，和古書・漢籍の条項中の「(古)と表示されている部分」をこの規則で追加したというので，これに則(のっと)って和古書（古文献）整理法の最も新しい規則と位置付け，次節から和古書目録規則の中に包含している古くから斯界(しかい)に伝えられている原則とその解説を加えていくことにする。

第2節　古文献（和古書）整理法上の古書目録法の原則とその解説

第1項　古書目録法の原則
第1　古書目録法原則の総説

　筑波大学情報学群の前身である大正11年創設の文部省図書館員教習所以来，受け継がれてきた伝統である古書目録法の原則，少なくとも筆者（昭和31年卒）が和古書の参考事務を教わった国立国会図書館司書監の弥吉光永先生（橘会〈現在は筑波大学の茗渓会図書館情報学橘会という〉第7期生）や洋古書目録法の講義を受けた学習院大学図書館事務長の関野真吉先生（同第3期生）及び和古書目録法の国立国会図書館司書監の高橋泰四郎先生（同第10期生）などより教えられた古文献整理法上の古書目録規則の原則を列記すると，下記のような第2項の9ヶ条に集約できるのである。

　特に，NCR1952年版における標目の選定に際しては，一般の図書は著者を標目とする大原則があったのにもかかわらず，無著者名図書，叢書，勅撰書，無著者名古典，神書・仏典などは書名を標目とすることを

定めていた。これは古文献とりわけ，古書の場合においては，①標題紙の書名不適，②書名を欠くもの，③不完全書名，④記載箇所により書名の異なるもの，⑤異名同書及び改題書，⑥冊により異なった書名をもつ図書，⑦総合書名のない合刻書の類など，書名でなければ図書の記述ができない類例が多いので，予め書名を記入の標目と定めていたのである。そうだとするなら，1910年に日本図書館協会が編纂した「和漢図書目録編纂概則」がいうように，本概則では英米目録規則の著者名主記入方式をとらずに，日本においては書名から記入するのが伝統であるからとして書名基本記入方式を採用したように，とりわけ，古書に限っては書名から目録を記入ということになったのである。

第2 古文献整理法上従来から伝統的に伝えてきた古書目録法の原則

前項で説明を加えたように，日本においては書名から記入するのが伝統であるからとして書名基本記入方式を採用したが，古文献整理法上の古書目録法には下記のような伝統的記述規定は全9ヶ条に及ぶ原則が存在するのである。

第1条　古書（古文献）目録法の原則は書名基本記入方式をとる。

第2条　書名は巻頭からとる。

第3条　書名の字形は実物どおりに記述する。

第4条　「疑しきは欠く」すなわち，存疑の項目は目録上に記述せず，真実のみを記録する。

第5条　目録をとる場合は，必ず二人一組で行う。

第6条　古文献の目録は，他人がこれを Reference Material として見ることを考慮に入れながら記述する。

第7条　古文献の目録は，現物が彷彿と分かるように記述する。

第8条　原本（Text）が同一であれば，諸本の一般形式は直接的に原本が現出するように記述する。

第 9 条　古文献の書名の排列は，近代以前は「いろは順」が多かったが，通常では「五十音順」が原則である。

第 3　第 2 の古文献整理法上の古書目録法の伝統的な原則についての解説

第 1 条　「古書（古文献）目録規則の原則は書名基本記入方式をとるという原則」の解説

　　古書（古文献）目録規則の原則の第 1 条で書名基本記入方式をとるということは，古書目録規則原則の総説でも述べた如く，1910年に日本図書館協会が編纂した「和漢図書目録編纂概則」がいうように，英米目録規則の著者名主記入方式をとらずに，日本においては書名から記入するのが伝統であるからとして書名基本記入方式を採用したのである。

　　日本図書館協会編の「日本目録規則1987年版改定 2 版　追加および修正」によると，図書の記述の範囲は「ある図書を他の図書から同定識別する第 1 の要素はタイトルである」と規定している。さらに，目録作成において書誌記述を標目と切り離して完結させる記述ユニットカード方式では，書名が同定識別の第 1 要素となっているのである。

第 2 条　「書名は巻頭からとるという原則」の解説

　　書名は巻頭からとるという古書目録規則の原則は，日本図書館協会目録委員会編の「日本目録規則1952年版」第86条の書名の規定で，「書名は一般図書は標題紙，古書は巻頭によるを原則とし，みだりにこれを変更してはならない」と定めているところによるのである。

　　NCR1952年版の目録委員会の実行委員 4 人のうち，大西寛を除き木原薫子は文部省図書館講習所第 4 期生，大内直之は同所第 6 期生，笠木二郎は同所第12期生であり，本規則は文部省図書館講習所の同窓会である橘会出身の先輩達が1893年に日本文庫協会が編纂した「和漢

図書目録編纂規則」以来の「書名は巻頭による」という伝統を守り，かつそれを生かして，1952年版の目録規則を起草し，古来より日本における目録は書名によるという原則を貫き通した苦心の結果の賜物からそれは成ったものである。

第3条　「書名の字形は実物どおりに記述するという原則」の解説

　書名の字形は実物どおりに記述するという原則は，日本図書館協会編の「日本目録規則1987年版改定2版　追加および修正」の2.0.6.3の文字の転記によると，「漢字は原則として所定の情報源（(1)巻頭，題簽，表紙，(2)目首，自序，自跋，巻末，(3)奥付，見返し，扉，版心，著者・編者以外の序跋，(4)小口書，識語）に使用されている字体で記録する」と定められているところにもこの伝統的な原則は生かされている。

　従来からの目録規則は，書名は巻頭からとるという伝統的記述規定に拠（よ）っているので，この2.0.6.3の文字の転記による規定は妥当性が存すると思われる。但し，「楷書以外の書体は楷書体に改める。かなはそのまま記録するが，変体がなは平がなに改める」と定めているが，古書目録の書名の記録にあってはすべて書名に使用されている字体によるというのが大原則である。

第4条　「「疑しきは欠く」すなわち，存疑の項目は目録上に記述せず，真実のみを記録するという原則」の解説

　「疑しきは欠く」すなわち，存疑の項目は目録上に記述せず，真実のみを記録するという原則は，ある図書を他の図書から同定識別する第1はタイトルであり，あるいは同一著作の他の版から，その図書を同定識別するためには，責任表示（著者），版次，出版・頒布等に関する事項（出版事項），形態に関する事項（対照事項），シリーズに関する事項（注記事項）などを記録する場合，一つでも疑わしい項目が

その図書にあれば目録上にこれは記録しないという原則のことである。

　そもそも，図書目録にはある図書に関する書名や著者を同定識別するためには，目録規則によって書誌の普遍性や正確性を維持するためにその書誌に，①保証的機能と，②規制的機能および，③保護的機能を与えることが必要である。

　すなわち，①書誌の保証的機能とは書名や著者名を完全なものとして記録し，この書誌の正確さを保証し，さらには目録の記入（Entry）と記述（Description）においては厳格な目録規則を定め，古文献のカタロガーはその規則をよく理解し，その適用に当たっては普遍妥当的な態度を持ってこれに臨むことが必要であり，後々の模範・標準たる書誌を作成し，その書誌を斯界（しかい）において確実に保証するという機能を持たせることが肝要である。②書誌の規制的機能とは，古文献の目録規則を定立したからには，この規則に則（のっと）ってカタロガーには書誌を作成するという規律を立て，さらにはこれに制限を加えるという規制的な機能を持たせる必要がある。最後は，③書誌の保護的機能であるが，いったん書誌ユーティリティに書誌情報が提供されたからには，利用者に対して安全に保護された標準的インターフェイスを提供する義務が生じるのである。書誌作成者はその保護と維持に努めるという書誌の保護的機能が強く要求されるのである。ために，司書はこの書誌の3機能を確保維持する気概を常に持って，疑わしい目録を作成して利用者に誤った書誌情報を決して提供してはならないのである。

第5条　「目録をとる場合は，必ず二人一組で行うという原則」の解説

　目録をとる場合は，必ず二人一組で行うことという原則は，中国の目録学にその典拠がある。清国乾隆年間の王鳴盛の『十七史商榷』に目録学とあるが，これは校讎学（こうしゅうがく）のことをいうのである。校讎（こうしゅう）とは「一人読書，校其上下，得謬誤，為校。一人持本，一人読書，若怨家相対，

為讎。」と劉向の『別録』には校と讎の定義がなされている。

　本来，校讎は校正と同じで，すなわち讎とは「両人相対して読み合せて誤りをただす」と『宋史』の「鄭樵傳」にあるとおり，二人が相対して一人が本を持ち，一人が書を読んで，本の誤りを正すことを校讎と言うのである。

　これと同じで，古文献の書誌が保持している保証的機能と規制的機能及び保護的機能を維持するために，目録をとる場合には必ず二人一組で行って誤りの無い書誌を作成するということが原則なのである。

　日本の目録学の理論が統一的に組織されるに際しては，こうした中国の伝統のある校讎学がここにも援用されて生きているのである。目録学の構築に果たされた先輩達のかかる努力を，後に続く司書，特に古文献の整理に携わるカタロガーは努め，これを忘れてはならないのである。

第6条　「古文献の目録は，他人がこれをReference Materialとして
　　　　見ることを考慮に入れながら記述するという原則」の解説

　古文献の目録は，他人がこれをReference Materialとして見ることを考慮に入れながら記述するという原則は，目録規則の上で古文献として取り扱うものとしては，問答書，書簡集，日記，伝記，講話集，批評集，座談書，会見記，編纂書，古代律令書，詔勅，無著者名古典，無著者名図書，勅撰書，官撰書，地方志，系図，航海日誌，探検記，条約・外交文書，新聞，雑誌，叢書，神書，仏書，文芸書，校訂書，訓点書，批点書，注釈書，翻訳書，翻案書，美術書，正本，謡本，丸本，金石文，目録，書誌，索引，地図，楽譜などが包含されるから，図書館の司書が古文献調査資料や古文献リストとして独自に作成する書誌は立派なReference Materialとなり得るので，この目録作成に当たっては十分に考慮して記述することに努めなければならないのは

理の当然である。

第7条　「古文献の目録を見て，現物が彷彿(ほうふつ)と分かるように記述するという原則」の解説

　古文献の目録を見て，現物が彷彿と分かるように記述するという原則は，古文献の姿や外観，本の有り様や形式，本の挿絵や綴じ方などが目録の記述を読むことによって，眼前に浮かんでくるように記録することにあるのである。

　NCR1952年版の図書の記述に関して，特に「希書又は貴重書は精密に記述する」とある。NCR1987年版改定2版　追加および修正には「和古書，漢籍については，各書誌的事項の情報源は，次のとおりとする。情報源の選択に当たっては，時代，ジャンルあるいは造本等の事情を考慮する」とある。

　そしてタイトルの情報源は，(1)巻頭，題簽，表紙，(2)目首，自序，自跋，巻末，(3)奥付，見返し，扉，版心，著者・編者以外の序跋，(4)小口書，識語と定め，特に「漢籍については，巻頭を優先する」と改めている。

　本規則でNCR1952年版の「古書は巻頭によるの原則」という原則をこのように改めた。各種の情報源からカタロガーの自由な選択に任せて書名を付与してよいことにしたのである。これでは和古書の最も大切な書名はアヤフヤな状態に置かれたままになるのは必至である。この規定は早晩改めて，和古書も巻頭によるという規定に改めることにこしたことはないのである。

第8条　「原本（Text）が同一であれば，一般形式が直接的に原本が現出するように記述することという原則」の解説

　原本（Text）が同一であれば，注記事項の一般注記において標題関係の一般形式が直接的に現出するように記述するということである。

一般注記にはその図書の特徴や性質などを示す事柄を記載するのであって，特にそのうちの標題関係に限って述べると，①原書名，翻訳書名，改題書名，②補正又は新たに定めた書名の典拠，③冠称，副書名，別書名，④書名のない図書に新たに書名を付与した場合，⑤冠称，副書名，別書名が長い場合の省略名などにおいては，テキストが同一であれば原本が直接的に現出できるように記述するということである。

　例：伊勢神宮の外宮の神官　渡会氏が内宮に対し，その地位を引き上げるために故人に仮託して鎌倉期に創作したといわれる伊勢神道の根本経典という神道五部書には，①『天照坐伊勢二所皇太神宮御鎮座次第記』，②『伊勢二所皇太神御鎮座傳記』，③『豊受皇太神御鎮座本紀』，④『造伊勢二所太神宮寶基本紀』，⑤『倭姫命世記』の五本があるが，そのうちの①『天照坐伊勢二所皇太神宮御鎮座次第記』の別書名には，「阿波羅波命記」「阿波羅波秘書」「御鎮座次第記」などの三本があるので，適宜，巻頭書名に併せて，例えば巻頭書名が「阿波羅波秘書」とあれば，「本書は『天照坐伊勢二所皇太神宮御鎮座次第記』の別書名」という一般注記を施すようなことである。

第9条　「古文献の書名の排列は，近代以前は「いろは順」が多かったが，通常では「五十音順」が原則である」との解説

　古文献の書誌において書名の排列は，近代以前は「いろは順」や「画引き順」に書名を排列する例が多かった。それは古代以来より書名の読み癖順に並べるという慣習やら，書名の読めない項目については画引き順が便利であったからにすぎないのである。近年においては，通常は書名の「五十音順」に排列するのが原則である。国語辞典やNTTの電話帳が，項目を五十音順に排列している限りはABC順や画引き順ないしはいろは順に書名を排列にしないのが原則であるのは理の当然である。

第3節　古書目録法原則上の目録作業と記述と記入について

第1項　目録作業とは

　古書目録法上でいう目録作業（Cataloging）とは，それぞれの資料を一定の方針の目録法に基づいて記述し，排列・検索に必要な標目や所在記号を付して記入し，これを一定の順序に排列・編成するまでの一連の作業を指していう。

第2項　古書目録法上の記述について

　さて，目録法でいう目録記入の記述（Description）とは，記入を構成する標題（Title）・出版事項（Imprint）・対照事項（Collation）・注記事項（Note）を記載することをいう。一般的に目録記述とも，あるいはまた書誌記述（Bibliographic description）ともいう。

第3項　古書目録法上の記入について

　次に目録法でいう記入（Entry）とは，目録を構成する図書（古書）に関する記録のことをいう。記入には，基本記入（Msin entry），副出記入（Added entry），分出記入（Analytical entry）の三種に分かれる。

　基本記入とは，目録中の主体となる基本的な記入のことで，古書目録法の原則は書名を標目とし，書名・著者以下より注記事項まで詳細な記載をする。古書目録法上の副出記入とは目録中において基本記入を補う第二次的記入で，基本記入の標目に選ばれなかった著者（共著者・編者・訳者）・叢書名・件名などを標目に設定して作成された記入をいう。

　副出記入は，基本記入の標目以外からも多角的な検索の手がかりを与

第7章　古文献（和古書）整理法のための新目録規則とその解説　　71

え，検索効果を上げる働きを持たせるためである．記入の最後は，分出記入のことで，これも基本記入を補う第二次的記入であり，全集中の各書・叢書中の各巻・図書の一部分など，すでに基本記入で一部二冊以上のセットものの資料を記述する，いわゆる一括記入として作成されている場合，これらに含まれる個々の著作・論文について，それが検索できるように作成された補助記入を分出記入という．

第4節　古書目録法上の図書の記述について

本節は日本目録規則1952年版による図書の記述に関する規則を基に古書（古文献）の記述についての目録記則を述べることにする．

第1項　日本目録規則1952年版による図書の記述に関する規則

日本目録規則1952年版

第1章　総則では，NCR1952年版は和漢書の取扱いを主とする．

第2章　標目（Heading＝目録記入の見出しとなることば）の選定においては，

28　団体出版物で独立の誌名を持つものは，誌名を標目とする．

31・32・34　憲法・古代法律・条約は名称を標目とする．

39　無著者名図書は書名を標目とする．

43・44・45・47　叢書・勅撰書・無著者名古典・仏典は書名を標目とする．

第3章　図書の記述では，

77　記述の通則について，標題及び出版事項は，その図書から直接記載し，記載の順序は，標題，出版事項，対照事項及び注記事項の順序とする．

81　複製本は新しい標題紙から，もとの標題紙は注記事項とする。

82　稀書又は稀覯書は精密に記述する。

I　標　題（タイトル）

84　標題は書名（副書名，別書名を含む），巻次，著者表示，版次の順で記載する。書名の冠称，副書名，別書名は一般注記に移す。

85　標題の記載事項は省略してはならない。附加は〔　〕を用いる。

86　古書は巻頭によるを原則とし，みだりにこれを変更してはならない。

87　巻頭に書名のないものは奥付その他にある書名のうちで最も適当と思われるものをとり，出所を注記する。

88　書名の記載がないときは，参考資料によって書名を定め，〔　〕の中に記載し，その典拠を注記する。

89　不完全書名は適当に補った書名を記載し，補った部分は〔　〕を用いる。

90　記載箇所によって書名が異なっているときは必要に応じてとらない書名を注記する。

91　異名同書及び改題書の図書は，その別書名を注記する。

92　冊により異なった書名を持つ図書は，第一冊目の書名をとり，他は注記する。

93　総合書名のない合刻書の類は，各々の標目が同一の場合，各書名を列記する。標目が同一でないときは第一の書名を記載し他は一般注記に合刻注記をする。

94　内容と国語を異にする書名は内容と国語と一致したものを

とり，内容と一致したものがないときは標題紙等のものをそのままとり，「内容○文」と注記する。

95　国語を異にする二つ以上の書名があるときは，内容の国語と一致するものをとる。一致する国語が二つ以上あるときは，日本語・中国語・朝鮮語の順でとる。

96　書名の冠称はそのまま記載する。ただし，次の冠称は省略してもよい。
　a．標目にとった原著者
　b．版次を示すもの
　c．回次，年度等を示すもので，巻次として扱うもの
　d．叢書名

97　書名中の文字は変体仮名は平仮名，楷書以外の漢字は楷書体にする。（NCR1952年版はこのように規定しているが，古来よりの慣習に従うのが適当であろう）

98　一部二巻（冊）以上の図書を分割して記載するときは書名の次に巻次を記載する。完本の巻数表示は，その巻数がテキストの種類を示すに必要なときだけ記載する。

99　著者表示は書名の次に記載する。

100　著者名表示のないものは他の資料から判定し，[　]の中に記載する。

101　多数著者は三人以上まではすべて記載し，四人以上のときは主たるものをとる。中国官選図書などで，多数の編者があるものは総裁などをとらず，纂，修などの最初の人をとる。

103　改訂，増補などの版次は著者表示の次に記載する。

104　各冊の版次が異っているものは，一般注記又は内容細目にその旨記載する。

Ⅱ　出版事項

105　出版事項は標題紙，奥付，刊記などにより，出版地，出版者，出版年，版刷次の順で，標題記載の次行に記載する。

106　古地名はそのまま記載する。必要に応じて現地名を（　）に入れて付記する。

107　出版地が2箇所以上ある場合は本拠の所在地とする。不明のものは最初の地名を記載する。

109　明治初期までの出版者は屋号に続いて名を記載する。中国古書は「○氏」に続いて室号を記載する。

110　出版者が二者以上のときは出版地，出版者を併記する。主たる出版者が判明しないときは，古書では最後の出版者をとる。

119　写本は出版事項の欄に，次のとおり記載する。

　　出版地欄は空欄とする。

　　出版者欄には書写者が判明したときは「○○手写」と記載する。

　　出版年欄には書写年に続いて「写」と記載する。不明のときは単に「写」と記載する。ただし，前項により「○○手写」とした場合は「写」は記載しない。

Ⅲ　対照事項

120　対照事項は出版事項の次行に巻冊数，頁，丁数，図版，表，地図，大きさ，装釘の順序で記載する。

121　巻冊数で1部2冊以上の図書は装釘の種別によって，それぞれ下記の単位称呼で，その数量を記載する。

　　和装本

　　　　巻子本……………巻　　　大和綴……………冊

第7章　古文献（和古書）整理法のための新目録規則とその解説　　75

　　　　折本（刷本）………帖　　袋綴………………冊
　　　　旋風葉……………帖　　軸物………………軸
　　　　粘葉（胡蝶装）……冊　　畳物………………舗
　　　　綴葉………………冊　　一枚物……………枚

122　写本の丁数は墨付だけとする。

124　縦長本，横長本，枡形本，一枚物，畳物は縦と横の長さを「×」で結んで記載する。巻子本は高さとする。

126　和装本，韓装本，唐装本は「和」と記載する。巻子本，畳物，一枚物は和としない。特殊な装釘は必要に応じて記載する。

NCR1952年版による目録用標準カード（75×125㎜）上の記載形式

（3段式記載例　NCR1952年版以降の国立国会図書館印刷カード）

IV 注記事項

128 注記は対照事項に引続いて叢書注記，一般注記，内容細目の順に所定の位置に記載する。

第2項 「日本目録規則1987年版改定2版 追加および修正」による和古書に関する新目録規則

NCR1952年版と比べてNCR1987年版の改定の主要項目は，①カード記載形式は1段式，②新刊和書が対象，③基本記入ユニットカード制，④標目はカナ，⑤著者名目録と書名目録は慣行に従って分離，⑥分割記入を原則，の6項目である。目録記入は記述と標目で構成され，書誌的事項は，①書誌情報源，②書誌情報の優先順位，③復刻本の書誌情報源，④文字・数字・誤写・脱字，⑤句読法，⑥略語，⑦書名の選択，⑧巻次，⑨著者表示，⑩版表示，⑪出版事項，⑫対照事項，⑬シリーズ表示，⑭注記，⑮ISBN，の15項目である。さて，当該目録規則のうち，和古書に限って次に見ることにする。

第3項 日本目録規則1987年版改定2版 追加および修正

第2章 図書

2.0 通則（全文を補記）

　この章では，図書の記述について規定する。主として日本語で書かれた資料を対象とするが，洋書にも適用できる。また，和古書，漢籍（ともに写本，手稿等は除く）に特有の規定については，その条項あるいは条項内の関連する箇所に「（古）」と付し区別した。写本，手稿等は第3章，点字資料は第11章，マイクロ資料は第12章，継続資料は第13章を見よ。

［解説］（木野記）

第7章　古文献（和古書）整理法のための新目録規則とその解説　　77

　この新しい目録規則は，IFLAのISBDに従って記述ユニット方式（UDS）を採用したので，本通則で規定するように図書の記述のみを規定した。UDSとは，目録作成において，書誌記述を目録記入の見出しとなる標目から切り離して完結させ，これを基本的な記述ユニットとし，いま述べた記述ユニットに必要なだけの等価の書名・著者名・件名・分類記号等の標目を与え，指示されたそれぞれの標目の下に書名目録・著者名目録・件名目録・分類目録等の各種の目録を編成する方式をいう。

　いわゆる従来からの目録は，基本記入，副出記入，分出記入及び参照から構成されていたが，UDSでは記録すべき書誌的事項を標目に立てれば，この構成を不必要とすることになる。

2.0.1　記述の範囲

　ある図書を他の図書から同定識別する第1の要素はタイトルである。

2.0.2.1C　和古書，漢籍については，個別資料ごとに別の記述を作成する。

2.0.3.1C　和古書，漢籍については，記述の拠りどころとする情報源は次の優先順位とする。

　ア）記述対照本体

　イ）箱・帙等の容器

　ウ）その記述対象以外の情報源

2.0.3.2A　和古書，漢籍については，各書誌的事項の情報源は，次のとおりとする。情報源の選択に当たっては，時代，ジャンルあるいは造本などの事情を考慮する。

　ア）タイトルと責任表示

　　（1）巻頭，題簽，表紙

(2) 目首，自序，自跋，巻末

(3) 奥付，見返し，扉，版心，著者・編者以外の序跋

(4) 小口書，識語など

ただし，漢籍については，巻頭を優先する。

イ）版……なし

ウ）出版・頒布等……刊記，奥付，見返し，扉，版心，序，跋，識語

エ）形態……その記述対象から

オ）シリーズ……その記述対象から

カ）注記……どこからでもよい

　タイトルについて，巻頭以外を情報源とした場合は，その情報源を注記する。

　識語および後に加えられた書き入れを情報源とした場合は，その旨を注記する。

2.0.5　記述の精粗

　以下に，記述の精粗について，必須，標準，詳細の別による3水準を示す。それぞれの図書館は，その実情に応じて，これらに若干の書誌的事項を加えることができる。

ア）第1水準　必須の書誌的事項

　本タイトル␣/␣最初の責任表示.␣—␣版表示.␣—␣出版者または頒布者等,␣出版年または頒布年等.␣—␣ページ数.␣—␣（本シリーズ名）

イ）第2水準　標準の書誌的事項

　本タイトル␣:␣タイトル関連情報␣/␣責任表示.␣—␣版表示␣/␣特定の版にのみ関係する責任表示.␣—␣出版地または頒布地等␣:␣出版者または頒布者等,␣出版年または頒布

年等.␣―␣ページ数（図版数）等␣:␣挿図等␣;␣大きさ␣+␣付属資料.␣―␣（本シリーズ名␣/␣シリーズに関係する責任表示,␣シリーズのISSN␣;␣シリーズ番号.␣下位シリーズの書誌的事項).␣―␣注記.␣␣―␣ISBN

ウ）第3水準　この章において規定するすべての書誌的事項

2.0.6　記録の方法

2.0.6.1（転記の原則）　図書を記述するとき，次の書誌的事項は，原則としてその図書に表示されているままに記録する。ただし，特に別途規定されている場合を除く。

ア）タイトルと責任表示に関する事項（注記する場合もある）

イ）版に関する事項

ウ）出版・頒布等に関する事項

エ）シリーズに関する事項

2.0.6.2（目録用の言語・文字）　形態に関する事項や注記に関する事項などにおいては，特に記述対象から転記する必要がある事項以外，原則として日本語によって記録する。

2.0.6.2別法　洋書を記述する場合，形態に関する事項や注記に関する事項などにおいては，目録用の言語として英語を用いる。

2.0.6.3（文字の転記）　漢字は，原則として所定の情報源に使用されている字体で記録する。楷書以外の書体は楷書体に改める。かなはそのまま記録するが，変体がなは平がなに改める。ローマ字，キリル文字など，外国の文字も，原則としてそのまま記録するが，大文字の使用法およびISBD区切り記号以外の句読点の使用法は，当該言語の慣行に従う。また，文字の大小の表示は再現せず，全部同一の大きさの文字で記録する。

（古）和古書については，変体がなの母体となっている漢字（字

母）を注記することができる。

  となみ山
   （注記「巻頭書名表示は「刀奈美山」」）

2.0.6.3A（古） 和古書，漢籍については，破損その他の理由で判読できない文字は白四角（□）を用い，該当文字数を並べる。字数も不明のときは，「□・・・□」とする。推定した文字については，角がっこ（[ ]）に入れて補記する。

  □□伊勢物語
  南都□・・・□縁起
  天[満]宮御伝記略

2.0.6.4（数字の記録） タイトルと責任表示に関する事項においては，数字はそのままの形で転記する。その他の書誌的事項においては，数量とか順序などを示す数字はアラビア数字とする。ただし，識別のために二様以上の数字を用いる必要があるときは，そのままの形で記録する。

2.0.6.5（再現不能の記号等の記録） 記号等は，原則としてそのまま記録する。採用する印刷方法，文字コード表などによって，表示のとおり転記することが不可能な記号等は，説明的な語句におきかえ角がっこに入れる。さらに必要があるときは注記において説明を加える。

  一口［にわ］かいろは節用
   （注記「タイトルの補記部分は，丸（○）を2つ重ねている形」）

 踊り字のうち2文字分以上にわたる長さのものは，本来の文字を繰り返した形を記録する。踊り字であることを注記することができる。

つれつれ草
　　（注記「タイトルの繰返し部分は踊り字」）
2.0.6.6（誤記，誤植）　書誌的事項の明らかな誤りは正しい形に訂正し，訂正したことが明らかになるような方法で記録する。もとの形は必要があるときは注記する。脱字は補記するが，この場合は角がっこ（一対）の前後にスペースを置かない。

2.0.6.7（ISBD区切り記号法）　1.0.6.7を見よ。

2.0.6.8（記入における記述の記載位置）　1.0.6.8を見よ。

　これをもって，「NCR1987年版改定2版　追加および修正」の説明を終了とする。

第8章　書写資料（古文書・古記録）整理法

序　　論

　日本図書館協会目録委員会は，2001（平成13）年に日本目録規則（NCR）のうちで，第9章の改訂を組み込んで『日本目録規則1987年版改訂2版』として，改めてNCRを刊行した。そしてさらに『1987年版改定2版』に対する新たな追加および修正を取りまとめて『日本目録規則1987年版改訂2版　追加および修正』を2005年6月に出版した。このことは，本書の「第3章　英米・欧州・日本の図書目録規則の歴史」の「第25項　JLA編『日本目録規則1987年版改訂2版　追加および修正』の発表」で述べたとおりである。

　『日本目録規則1987年版改訂2版　追加および修正』における改訂は，すなわち下記のように三つの部分から成り立っている。

第1は，「第2章　図書」で，近現代の図書だけでなく和古書・漢籍にも適用できるように増補したものである。従来の第2章の条項には手を加えず，和古書・漢籍に関する条項（（古）と表示されている部分）を追加した形である。ただし従来の部分は条項のみを掲載し，例示は省略した。

第2は，同じく和古書・漢籍にかかわる「第3章　書写資料」の増補である。元来，第3章は古資料が主たる部分を占めるため，改訂は全体にわたっている。

第3の部分は，「第13章　継続資料」である。これまで第13章は，もっぱら逐次刊行物を対象とするものだったが，新しい13章では，いわゆ

第8章　書写資料（古文書・古記録）整理法　　　　　　　　　83

る更新資料（加除式資料やデータベース，あるいはウエブサイトのように，更新により内容に追加，変更があっても，同一の本タイトルのもとに，一つの刊行物としてのまとまりが維持されている資料）の条項が統合されている。そのために，章のタイトルは両者を包括する「継続資料」となった。

　そこで，本章で扱う書写資料（古文書・古記録）の整理法とは，古文献の範疇に入る，いわゆる古文書や古記録に関する資料組織法のことである。さらには，明治政府が始めた行政史編纂の成果である「皇国地誌」や「府県史料」及び「公文録」「太政類典」などの古記録は府藩縣三治時代を経て，府県のいわゆる郷土資料を構成する基本的な資料といえるので，改めて本章では，郷土資料の収集・整理・保管・運用の態様についても簡潔に触れることを予め断っておく。

第1節　書写資料の通則と記述の範囲

第1項　書写資料の通則とその内容

　「NCR1987年版改訂2版　追加および修正」の第3章でいう書写資料は，古資料が主たる部分を占めるという。古資料については本目録規則では定義がなされていないが，本書の第1章の「古文献の定義」で筆者が予め定義を下した内容とそれはほぼ一致を見ることができるであろう。さて，本規則の第3章の通則を見ると，書写資料とは文書・記録類及び写本・手稿又はその複製物を対象とし，主として日本語で書かれた資料としている。なお又，本則は洋書もその対象として適用できる。

第2項　書写資料収集の原則

　米国の国立公文書館長を務めた経験を持つT.R.Schellenbergはその

著書 *Modern Archives,principles and techniques*（1956）で公共図書館と公文書館における公文書収集の役割について次のように言っている。

 Obviously libraries have rendered very useful services to scholarship by preserving archives when no archival institutions existed to take care of them. But after a government has established both a library and an archival institution, the two should not vie with each other in acquiring public record. The library under such circumstances should not collect public records at all.

 明らかに図書館は公文書館が公文書の保存のために存在しなかった時には，公文書を保管して学者達に非常に有益なサービスをしていた。 しかし，行政府が図書館と公文書館の双方を設置した以上，この二つはパブリック・レコード（公文書）を取得するために互いに張り合うべきではない。そうした場合には図書館は公文書をいやしくも収集すべきではない。

 公共図書館の郷土資料室で保存している郷土資料及び地方行政資料と公文書館が保存している公文書との決定的差異は，前者が古資料中心の古文書・古記録類及び写本・手稿又はその複製物等であるのに対し，後者はいわゆる現用文書あるいはノンカレントな公文書が主体であり，それは法的義務に従って公務人が作成し，受領し，保管した文書記録（パブリック・レコード）であることにある。

 シェーレンバーグが言うまでもなく，行政府が設置した公文書館が出来たならば，従来から公共図書館が収集・整理・保管・運用してきた公文書的資料（国の公文書・都道府県庁文書・市町村文書）は，保管転換してカエサルのものはカエサルに返して，資料の再配分をはからねばならないのは理の当然の結果である。図書館と公文書館との役割とサービスの対象はいずれも国民であるが，その性格と奉仕の内容が決定的に相

違しているのである。だから，書写資料といっても，公文書的資料は公共図書館では収集してはならない基本原則なのである。

『朝日新聞』の2008年2月5日の記事によれば，公文書管理・保存の立ち遅れから日本は公文書後進国といわれ，各国の公文書館の規模のデータ比較表を掲載している。

国　別	職員数	所蔵書架延長
米　国	2,500人	930km
英　国	550人	180km
仏　国	440人	370km
中　国	630人	700km
韓　国	290人	120km
日　本	42人	49km

そこで，国は2008年1月，内閣府に「公文書等保存・利用推進室」を設置し，歴史的に重要な公文書と判断すれば，保存期限を迎えた時点で内閣府から公文書館に移管するとした。いずれは他省庁からも受け入れる構想を立てた。さらに「文書管理法」を制定し，①国立公文書館を公文書管理の中核と位置付け，②地方自治体や民間が保有する歴史的文書の公開・利用を促す方針だという。

公文書館の権限強化と専門職員（アーキビスト）の育成は，公文書の管理と保管体制の抜本的強化整備には欠かせないが，それには公共図書館が19世紀以来，整備・発展してきた歴史的経緯を是非とも参考に供する必要があるといわなければならない。

第3項　郷土資料中書写資料の収集原則

図書館においては書写資料のうちで，少なくとも国や地方公共団体の行政資料は公文書館にその収集を任せ，地域資料と認められる郷土資料

中の書写資料のみを収集するように務めなければならないのが当該資料収集の原則である。

　地域資料中の書写資料の収集原則は，以下の6項目に集約される。

① その図書館のサービス対象とサービス活動の基本目的を明確に設定すること。
② 図書館資料と知的自由の関係から資料と施設を提供する役割を認識し，その任務を遂行する社会的責任を負っていることを司書は自覚すること。
③ 収集・選択する組織と決定にあたる責任の所在を明らかにしておくこと。
④ 収集する資料の範囲の原則と基準を決めておくこと。
⑤ 利用者からのリクエストと蔵書に対する批判への対処を適切にこなし，収集方針と選択基準を地域住民に公開すること。
⑥ 蔵書からの除去・廃棄についての基本的な考え方を成文化しておくこと。

　そして，収集方針と選択基準は予め当該行政委員会である教育委員会の承認を得ておくことが望ましい。それは，幅広い社会的合意と市民の支持のもとに司書の任務を遂行しなければならないという責任があるからである。また，ことある時には図書館行政の最高責任者が図書館とはどういう機関かを市民に正しく説明できるように責任を負っているからである。

　「公共図書館の任務と目標」の第44には「それぞれの地域に関する資料の収集・提供は，図書館が住民に対して負っている責務である。そのため図書館は設置自治体の刊行物及びその地域に関連のある資料を網羅的に収集するほか，その地域に係わりのある機関・団体等の刊行物の収集にも努める。また，その地方で刊行される一般の出版物についても収

第8章　書写資料（古文書・古記録）整理法

集に努める」とある。勿論，それと同時にその地方に関係のある歴史的資料となっている書写資料に目を配って，司書は当該地域の「郷土史フェア展示目録」のような販売図書総合目録の編纂に努めなければならない。

　住民の多様な資料及び情報の要求に応えるためには，公刊された資料の収集だけでは不十分である。図書館は，マイクロフィルム資料，写真資料，録音・録画資料，各種電子資料等を作成し，地域関係資料の図書や小冊子及びユニオンカタログなどを編纂刊行するように努めなければならない。さらに，当該資料のデータベース化も図らねばならない。

第4項　小金井市立図書館の地域資料収集・選択基準

　さて，公共図書館における地域資料収集事例として小金井市立図書館の収集・選択基準について簡略的に触れ，参考に供することにする。

　小金井市立図書館の運営方針（平成4年3月改正）によると，資料の収集は下記のように種別収集と形態別収集に分けている。

(1) 種別収集には，①一般書，②ヤングアダルト用図書，③児童書，④参考資料，⑤郷土資料・行政資料がある。

(2) 形態別収集には，①図書資料，②準図書資料（逐次刊行物・パンフレット・リーフレット・地図・地形図・紙芝居），③AV資料，④点字図書・大型活字資料などがある。電子資料は③のAV資料に含まれる。

　そこで，種別収集の，⑤郷土資料・行政資料の部門別選択基準は下記の3部門である。

(ア)　対象とする郷土地域

　　○小金井市　○三多摩地区（北多摩・南多摩・西多摩）○東京都　○三宅村（島）（小金井市と友好都市である）。なお，明治26年以前は，三多摩地区は神奈川県であったので，神奈川県関係で当時の小金井に

ついて書いてある資料も可能な限り収集する。
(イ)　収集基準
　○小金井市の事情について直接記録されている資料　○小金井市という語が使われた記述はないが，小金井市を知るうえで必要と認められる資料　○小金井市で刊行された印刷物　○その他必要と認められる資料
　　上記の収集基準の条件を一つ以上充たした図書・雑誌・新聞・パンフレット・リーフレット・フィルム・レコード・録音テープ・絵・地図（含・古地図）・写真などを収集する。
(ウ)　資料の種類
　○小金井市在住者・出身者・在職者の事柄について記された資料及びその人物が記した資料　○郷土地域の行政資料　○小金井市のサークル・研究グループ・家庭文庫などの刊行物　○小金井市及び多摩地区を扱った新聞・雑誌（例：小金井新聞，新三多摩新聞，朝日・毎日・読売新聞などの「むさしの版」など）○小金井市を主な舞台とする文学作品　○三宅村（島）
　小金井市立図書館では上記のような郷土資料の収集・選択基準を定めている。但し，小金井市関係の電子資料の収集・選択の基準が抜けている。

第2節　書写資料の整理上の原則

第1項　書写資料（郷土資料）整理上の原則

　「公立図書館の任務と目標」によれば，「図書館は，すべての資料が利用者の求めに応じて迅速，的確に提供できるよう，統一的に組織化を行う」とある。資料の統一的な組織化とは分類・目録作業などを集中整理方式の整理作業をもって図書館システムを構築することにある。また，

「公立図書館の任務と目標」によれば,「図書館は,住民がどのサービス・ポイントからでも,そのすべての所蔵資料を検索できるよう,総合目録を備える。総合目録は,常に最新の書誌情報を提供できるよう維持されなければならない」とある。

第2項　佐賀県歴史資料整理規程の書写資料整理原則

そこで,図書館が所蔵する書写資料(郷土資料)についての整理に関する問題については,地域住民の利用に備えるために図書館はシステムとして活動できるように構築することが基本である。そのためには,書写資料(郷土資料)の対象となる地域の拠点館の資料組織化が重要となるのである。ややもすると,書写資料(郷土資料)は歴史資料にその重点が傾きがちであるが,この問題をクリアーしなければ地域の資料組織化はあり得ないのである。

さて,それでは歴史資料組織化の先進事例として,佐賀県立図書館所蔵鍋島家文庫目録の編纂の基礎となった「佐賀県歴史資料整理規程」について触れることにする。

佐賀県立図書館は,大正2(1913)年に旧佐賀藩主の鍋島家によって創立されたという歴史もあって,創立以来,郷土資料の収集に一貫して努力を払ってきた。昭和38(1963)年に図書館の新館が落成すると,郷土資料の保管施設が拡充され,鍋島本藩の藩政資料をはじめ,県内の貴重な歴史資料の購入,寄贈,寄託が相次ぎ,1971年現在で45,000点の郷土歴史資料を所蔵するに至った。

これらの郷土歴史資料整理のため,1970年に三好不二雄(佐賀大学名誉教授)と佐賀県立図書館司書築山信昭氏が中心となって「近世資料目録作成要項案」と「近世資料整理分類概則案」の2案が作成された。

この両案を検討するため館内に近世史料整理規程小委員会を設置し,

同委員会は1971年4月に「佐賀県歴史資料整理規程」を決定した。以下，当該規程を書写資料組織化の参考のために記載することにする。

第3項　佐賀県歴史資料整理規程

第1条（目的）この規程は佐賀県立図書館の管理に関する規則第20条の規定に基づき，佐賀県歴史資料整理の作業を統一し，整理機能の向上をはかることを目的とする。

第2条（適用の範囲）この規程は広く郷土に関する資料のうち内容，形態により特別の整理を必要とする歴史資料（以下「資料」という）に適用する。

第3条（登録）備品として受け入れられた資料はすべて資料原簿に記載登録する。

第4条（寄託）寄託された資料はすべて資料寄託原簿に記載登録する。

第5条（家わけ）資料は原則として，家，機関，団体など，現所有者別に家わけし，各家（機関，団体などを含む）名を付して「文庫」または「資料」と呼称する。ただし，後世的に収集された資料は，収集者名を付して「収集資料」と呼称する。

第6条（分類）資料の分類は別表1により行う。ただし，佐賀県明治行政資料の分類は別表2により行う。

第7条（請求記号）請求記号は次のとおりとする。

　　　　家わけ記号　　家わけを表す漢字を四角で囲んだ記号
　　　　分類番号　　　別表1，別表2に定めた分類番号
　　　　番　　号　　　同一家わけ，同一分類番号内の通し番号
　　　　NDC分類番号　　NDCで2次分類する資料のNDC分類番号

第8条（配列順位）同一家わけ，同一分類番号内の配列順位は原則として年次順とする。

第8章　書写資料（古文書・古記録）整理法

第9条（目録）資料目録は冊子目録を基本とし，補助的にカード目録を作製する。

第10条（冊子目録）冊子目録の記載事項およびその順位は次のとおりとする。ただし，該当のない事項は，不明な事項又は必要のない事項は省略する。

　① 番号（請求記号にある通し番号）
　② 標題（資料名，巻次または内容年次，作製者または著者，作製所または発行所，作製年次または発行年次，その他）
　③ 形態（頁数または丁数，大きさ，装丁）
　④ 数量
　⑤ 備考（自筆の注，内容の注）

第11条（冊子目録の再掲）資料の内容により2以上の分類がある場合は，同一家わけの範囲内で再掲する。

第12条（装備）資料の装備は原則として，登録番号または寄託番号を記入し，請求番号を記入したラベルを貼る。ただし，原本資料には，登録番号または寄託番号を記入した和紙を，資料の右肩裏に貼り，押印，書込みはしない。

第13条（保存）簿冊の形をとらない資料，絵地図などは袋に収めて保存する。

第14条（細則）資料整理はこの規程によるほか，細部については別に定める整理細則による。

別表1　佐賀県歴史資料分類表

　主　類　表
　000　総　記　　　　400　町　村　　　　800　家制・習俗
　100　藩　主　　　　500　災害・治安　　900　明治維新
　200　藩　士　　　　600　産業・土木・交通　990　一般資料
　300　藩　制　　　　700　社　寺

別表 2　佐賀県明治行政資料分類表

項　　目	分類番号	項　　目	分類番号	項　　目	分類番号
中央令達	1	家禄奉還・禄券	12	農　業	23
官省進達	2	士族授産	13	土　木	24
管内布達	3	社寺・宗教	14	鉱　業	25
庁　中　令	4	地　誌	15	水　産	26
官吏進退	5	司法・警察	16	交　通	27
府県郡区往復	6	戸　籍	17	諸願伺届	28
区　戸　長	7	社　会	18	興行届	29
町　村　令	8	教育・学校	19	雑　件	30
区割改正	9	兵　事	20	絵地図	31
税　財　政	10	産業一般	21		
加　地　子	11	度量衡	22		

この佐賀県歴史資料整理規程の特徴は,
① 歴史資料は家わけ整理を原則としたこと。
② 歴史資料の範囲を中世・近世・近代としたこと。
③ 整理規程では基本的なことを簡潔にまとめ,具体的な細部は整理細則に譲ったこと。
④ 古文書の取扱は,中世・近世文書については佐賀県歴史資料分類表を使用し,近代文書は佐賀県明治行政資料分類表を使用したこと。
⑤ 中世と近世の歴史区分は初代鍋島藩主勝茂の死亡した明暦 3 (1657)年としたこと。
⑥ 目録については冊子体を基本とし,カード目録は冊子目録編纂の補助的目録としたこと。

以上の特徴を持った佐賀県歴史資料整理規程の佐賀県歴史資料整理細則によって作成したカード目録の記載例を次に掲載して参考に供する。

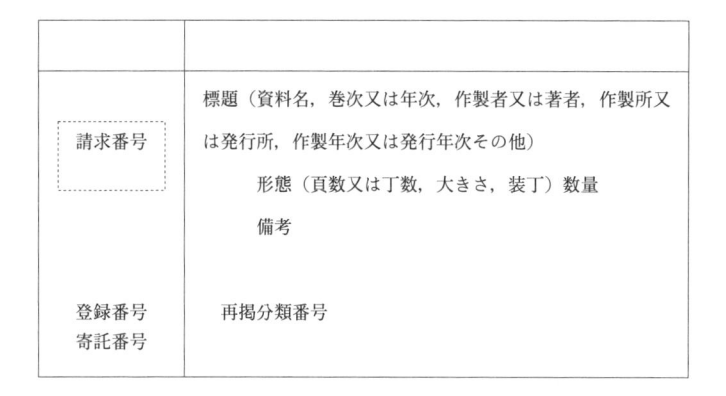

第8章　書写資料（古文書・古記録）整理法

請求番号	標題（資料名，巻次又は年次，作製者又は著者，作製所又は発行所，作製年次又は発行年次その他） 　　　形態（頁数又は丁数，大きさ，装丁）数量 　　　備考
登録番号 寄託番号	再掲分類番号

第4項　「日本目録規則　1987年版改訂2版　追加および修正　2005年」の第3章　書写資料(増補改訂版)3.0.5 記述の精粗による第2水準の標準の書誌的事項の記述例

　次に「2005年」の第3章　書写資料(増補改訂版)3.0.5 記述の精粗による第2水準の標準の書誌的事項の記述例を参考のため掲載する。

本タイトル␣／［資料種別］␣：␣タイトル関連情報␣／␣責任表示␣—␣版表示.␣—␣製作地␣：␣製作者，␣製昨年.␣—␣資料の数量␣：␣大きさ␣＋␣付属資料␣—␣注記

以下は**筆者注記**

　佐賀県歴史資料整理規程の佐賀県歴史資料整理細則によるカード目録の記述でも，「日本目録規則　1987年版改訂2版　追加および修正　2005年」の第3章　書写資料（増補改訂版）による記述の書誌的事項の記述例でも，決定的欠陥は例えば書写資料が書翰だとすれば，書翰の宛所の記載場所がないという根本的記述対象を欠いている所である。これは責任表示の後に引き続いて宛所に相当する特定の記述に関係する責任表示として宛名を記述する場所を設定すれば解決のつく問題である。

第5項　3.0.4「記述すべき書誌的事項とその記録順序」についての解説

　書写資料（文書・記録）の記述すべき書誌的事項とその記録順序は、「日本目録規則　1987年版改定2版　追加および修正」によれば次のとおりである。

　　① タイトルと責任表示に関する事項
　　　　1．本タイトル
　　　　2．資料種別（使用しない）
　　　　3．並列タイトル
　　　　4．タイトル関連情報
　　　　5．責任表示
　　イ）版に関する事項
　　　　（1）　版表示
　　　　（2）　特定の版にのみ関係する責任表示
　　　　（3）　付加的版表示
　　　　（4）　付加的版にのみ関係する責任表示
　　ウ）資料（または刊行方式）の特性に関する事項（使用しない）
　　エ）出版・頒布等に関する事項
　　　　（1）　出版地，頒布地等
　　　　（2）　出版者，頒布者等
　　　　（3）　出版年，頒布年等
　　　　（4）　製作項目（製作（印刷）地，製作（印刷）者，製作（印刷）年
　　オ）形態に関する事項
　　　　（1）　ページ数，図版数等
　　　　（2）　挿図，肖像，地図等
　　　　（3）　大きさ
　　　　（4）　付属資料
　　カ）シリーズに関する事項

第8章　書写資料（古文書・古記録）整理法

　　（1）　本シリーズ名
　　（2）　並列シリーズ名
　　（3）　シリーズ名関連情報
　　（4）　シリーズに関係する責任表示
　　（5）　シリーズのISSN（任意規定による事項）
　　（6）　シリーズ番号
　　（7）　下位シリーズの書誌的事項
　キ）注記に関する事項
　ク）ISBN，入手条件に関する事項
　　（1）　ISBN
　　（2）　入手条件・定価（任意規定による事項）
　筆者注記：（　）の記述は1987年版改訂2版による「追加および修正」で改定された記述である。なお，本規則に使用している目録用語は『図書館用語集　三訂版』（JLA　2003年発行）を参照すればよい。

第6項　「日本目録規則1987年版改定2版　追加および修正」へのコメント

　日本目録規則1987年版改定2版　追加および修正の第3章　書写資料の増補改訂版の当該規則は，カード形態・冊子形態の目録記入の外，MARC（Machine Readable Cataloging＝機械可読目録）をも考慮に入れたいわゆる記述ユニット方式を取り入れている。記述ユニット方式では標目（見出し語）をアクセスポイントと呼称し，標目はカナ，ローマ字，数字で表記することになっている。通常，標目となるものはタイトル（書名），著者名，件名，分類記号の4種があり，それぞれ書名標目，著者標目，件名標目，分類標目といっているが，JAPAN/MARCのアクセスポイント・ブロックには，①書名アクセスポイント・ブロックとして書名の読み，叢書名の読み，多巻物の巻書名の読み，②主題分

析ブロックとして個人件名，一般件名，NDC記号，国立国会図書館（NDLC）分類記号，③知的責任ブロックとして著者名の読み，多巻物の各巻の著者名の読みなどを挙げている。いずれの目録記入の場合でも等価標目であるから，書翰の書誌的記入事項についても改訂作業は問題なく遂行できる。しかし，先述の筆者注記に書いたように，古文書・古記録目録を編纂する場合に「日本目録規則1987年版改訂2版　第3章の書写資料」を書翰や日記・日次記などの記録類に適用する場合には，どうしても書翰の宛先名やその受信地および受信年月日および日記・日次(ひなみ)記類の必要な書誌的記入事項などの記述について筆者は改訂を加える必要を認めるものである。

第7項　近世地方文書整理マニュアル

　書写資料の目録記述について，(1)佐賀県歴史資料整理規程と，(2)NCR1987年版改訂2版の新旧規則を併せて解題したが，近世地方文書を実際に手にして整理をするとなると，どこから始めたらよいか戸惑うのが当たりまえである。筆者が実際に経験した古文献整理の一例としての近世地方文書整理マニュアルを，簡潔に要綱のみを書いてみよう。

1．目録作成の要件は，①整理・保存上都合がよいこと，②利用に際し至便であること，③簡単明瞭であること。
2．目録形式は前記(1)・(2)の規則による記述のいずれでもよい。
3．文書整理と目録作成の手順。
　　① 本タイトル以下の書誌的記入事項を予め印刷した整理袋を用意すること，文書の簡単な補修はこの時点で行う。
　　② 分類項目表に従って用意のラベルに分類番号を記入すること。
　　③ 原文書の保存状態を壊さないため，原文書の保存形態順に通し番号を付与しておくこと。

④ 今までの整理手順の記述はすべて鉛筆で記入するが，以上の整理手続が完了した時点で整理袋及びカード目録に黒インキのペンで清書すること。文書を汚損するためボールペンでの記入は禁止のこと。なお，文書の種類上原本・写・控・下書の区別は銘記しておくこと。一枚物は状，簿冊は冊と数量上で記入のこと。

4．収　納

予め用意した収納箱（出来れば木製の蓋付きがよい）に整理番号順に格納し，請求記号ラベルをその箱の中心部と蓋の横部分に貼付しておき，文書出納の便をはかること。

5．目録作成上の文字表示法の大綱

① 文言は原文書の体裁に従うこと。
② 変体仮名は平仮名にすること。
③ 文中の旧字はそのままとすること。
④ 略字・異体字は通用字にすること。
⑤ 誤字・脱字は相当箇所に傍注で（ママ）とすること。
⑥ 虫損部分で判読不能箇所は傍注で（虫損）とすること。
⑦ 筆記者・差出人・受取人の記入に際しては敬語は省略すること。

以上，書写資料整理上の肝要な留意点のみについて簡明に述べた。

第8項　書写資料整理の専門職員スタッフ・マニュアルの必要性

図書館における書写資料を架蔵する主として郷土資料室と呼称される部屋には膨大にして貴重なコレクションがあり，これらは一朝一夕で形成されたものではなく，数多くの専門職の司書の手と長い年月をかけて

洗練され，強化されて充実されてきた結果である。この資料群を有効に保存し，利用者に提供するためには，書写資料の整理と利用に供するための専門職員スタッフ・マニュアルの必要性を認めるものである。書写資料の内容は複雑多岐にわたり，かつ専門的知識を必要とするので専門職員スタッフ・マニュアルには次のような項目で作成することが望ましい。

　書写資料整理の専門職員スタッフマニュアル
　① 書写資料の収集方針と整理構成方針の作成
　② 部門別（文書・記録・絵図・地図等）選書基準の明記
　③ 各種書誌編纂基準の策定
　④ 資料の維持管理規定の定立
　⑤ 地域内類縁機関との相互協力協定の策定
　⑥ 同一地域内図書館郷土資料室間ネットワークの組織協力協定の作成
　⑦ 地方行政資料と書写資料の住み分け規定の作成
　⑧ 郷土資料室と生涯学習の関係性の充実強化
　⑨ 書写資料担当専門職員の研修規定の作成とその実施要綱の定立
　⑩ 地域開発関係資料の収集拡充と利用サービスの徹底
　⑪ 書写資料関係の複写サービスと著作権との関連規定の整備

　図書館の書写資料の収集・整理・保管・利用と，地方公文書館が所蔵する公文書館資料と，地域博物館（美術館・史料館）が収納する資料と，各種地域文化関係資料館の所蔵する資料とが相互に競合する資料を地域住民に，いかにして有効に利用上で競合せずにサービスを提供するかが，これからの問題である。

第8章　書写資料（古文書・古記録）整理法

第9項　図書館郷土資料室・地方公文書館・地域博物館との所蔵資料の種別

まず，図書館郷土資料室と地方公文書館との所蔵資料の種別を挙げると，

① 図書館郷土資料室の所蔵資料
- ●土地の事情を認識する資料
  - （ア）当該地域内関係の郷土資料
    - ○旧藩資料・国誌・藩誌　　　○都道府県市町村史
    - ○地方叢書　　　　　　　　○特定地域関係コレクション
    - ○考古学・史蹟名勝天然記念物関係資料
    - ○地図・名所図絵・風土記・道中記など
  - （イ）当該地域外関係の諸刊行物
    - ○当該地域出身者・関係者の出版物
    - ○当該地域関係の視聴覚資料
- ●地方行政資料
  - ○市町村長・部局室関係刊行行政資料　○地方財政関係刊行資料
  - ○各種行政委員会関係刊行資料　○自治体出資関係企業刊行資料
  - ○自治体PR関係刊行資料　　　○地方議会刊行資料

② 地方公文書館所蔵資料
- ●現用文書として
  - ○知事（市町村長）部局関係行政文書　○出先機関関係文書
  - ○各種行政委員会関係文書　　○公共企業体関係文書
  - ○地方議会関係文書　　　　　○法令・条例文書
- ●非現用文書・行政資料として
  - ○府藩県三治時代史料
  - ○府県・市町村史料（府県制・市町村制以前）

　　　　○府県・市町村史料（府県制・市町村制以後近現代非現用文書）
③　地域博物館所蔵資料
　　　　○地域の彫刻・染織・陶芸・美術工芸品・出土品等の有形文化財
　　　　○標本・模型・玩具・機械類・立体的地図史料（地球儀・地球模型・天球儀・渾天儀）等の展示物
　以上，図書館郷土資料室・地域公文書館・地域博物館の所蔵資料は判然と区別が付く資料は問題がないが，特に図書館と公文書館における所蔵資料のうち，歴史的行政史料については判然としないものがあるが，これらは双方の当事者が寄り合って資料の行き先について協議すればよいのである。

第9章　稀覯書取扱い法

第1節　稀覯書とは

　稀覯書(きこうしょ)とは『琅環記』によれば「当世稀覯之物也」といって，世に稀に見る珍しい書物という意味である。すなわち，古典籍で真善美ともに普遍妥当的な価値ある滅多に世に存在しない貴重な本のことをいう。実際には，古写本や古活字本・古版本という形で実存する貴重な本を稀覯書というのである。それも安土桃山時代以前の本である。しかし，最近では元禄時代の本までを稀覯書扱いとする場合がある。

　以下，項を改めて，①稀覯書の取り扱い方，②稀覯書の複写，③稀覯書管理法，④貴重図書の蔵書印押捺法，⑤稀覯書の受入方法，⑥稀覯書の評価基準，⑦稀覯書の修理法について，本章では簡単に説明を加えることにする。

第1項　稀覯書の取り扱い方

　本章の序文で述べたように，稀覯書を取り扱う図書館専門職の司書は，でき得るならば，図書館の貴重書室においては稀覯書の汚染や破損を防護する意味合いから，白衣を着用し，白手袋を以って稀覯書の出納や閲覧サービスに対処するように心がける必要がある。次に，利用者が稀覯書を閲覧する場合には，メモなどをとる筆記用具は鉛筆のみの使用を許可し，他の筆記具（万年筆やボールペン）は稀覯書を汚損する危険性があるために，その使用は絶対に許可しないようにすることが肝要である。

第2項　稀覯書の複写について

　稀覯書は保存管理が先で，その閲覧利用は従である。ために，稀覯書の複写に際しては，ゼロックスコピーや強力なライトを使用した写真複写は絶対に避けなければならない。稀覯書の複写はでき得るならば光源の弱いライトを使用するマイクロ写真撮影のみとするように努めなければならない。

第3項　稀覯書管理法

　図書館における稀覯書の管理は文化財として未来永久への保存中心主義を守り，その利用はあくまで従たる業務であることを認識する必要がある。そのためにはIFLAのPAC計画の勧告を慎重に遵守しなければならない。以下，当該資料の管理法について列記する。

① 貴重書庫の温度と相対湿度は実務に適した範囲内で最低に抑え，できる限り一定に保つこと。摂氏4度以上の日変化は避けなければならない。

② 許容される相対湿度は20％から50％の間であるが，40％以下に押さえるのが好ましく，決して60％を超えてはならない。貴重図書を異なる環境に移動する際に5％以上の相対湿度の変化をみることは避けるべきである。

③ 人間は低い相対湿度に対しては高い抵抗力を持ち，低い温度に対しては殆んど抵抗力を持たない。しかし，貴重図書は低い温度に対しては高い抵抗力を持ち，低い相対湿度に対しては殆んど抵抗力を持たない。人間と貴重図書を統合すると，貴重図書室は摂氏18度で相対湿度40％をもって管理するのが妥協点であると認められる。

④ 摂氏22度以上相対湿度65％以上では，カビの繁殖の危険がある。

⑤ 図書館で最もよく見られる害虫は昆虫・げっ歯類（ネズミなど）・

カビである。最も害のある昆虫はゴキブリ，紙魚（しみ），甲虫である。予防手段は貴重書閲覧室内には，噴水や潅木および花などは置かないこと，書庫内の支柱などに屋外照明を設置しないこと，蔦やつる植物を図書館の構造体に這わせずに，葉や枝やゴミ類を基礎部分の廊下や床などから必ず廃除すること。

⑥ 殺虫スプレーやエアロゾル剤は油性の残留物が貴重書庫内の保存資料に付着するため，貴重書庫内では決して用いてはならない。

⑦ 貴重書庫には拡声器・各種電気ソケット・磁性ドアロック・変圧器等は設置しないこと。

⑧ 貴重書閲覧室には視聴覚・パソコンなどのキャレル設備を設けること。ただし，製造業者のモデルチェンジには留意し，備品の予備を予め用意して置くこと。

（IFLA「図書館資料の保存に関する国際会議」1986による）

昔から日本の図書館では，曝書（ばくしょ）といって書物を風に当てたり，日に曝（さら）したりして虫害を防ぐ習慣があった。しかし，そのために書籍を破損するなどの一利一害を生じることがあり，現在では貴重書庫全体を臭化メチルやクロルピクリンなどの揮発性の薬剤を用い虫害除去のガス燻蒸法がとられている。単品の貴重な冊子や軸物・巻子本などは，乾燥した晴天の日に，日陰での虫干し対策は相変わらず今でも有効である。なお，その事後策として保管用の漆塗桐箱は乾いた布（ガーゼなど）でよく拭いてから収納するとよい。収納箱内にナフタリンや樟脳などは絶対に入れないように注意すること。どうしても不安な場合は，鳩居堂製防虫剤の使用は可とする。

文部科学省は「カビ対策専門家会合」を2006年6月に立ち上げ，2007年3月「報告書～カビの発生予防と早期発見のために～」をまとめた。文化財などをカビから守るためには，「カビを増殖させない」ことを基

本に，博物館・図書館・公文書館などにおけるカビの汚染防止，増殖したカビの早期発見など，カビの特性に基づく迅速な処理が重要であるという認識のもと，①人材の育成，②カビ対策ネットワークの構築，③カビ劣化の実態調査研究，④カビ制御技術の研究開発の具体化を図ることを提案した。環境と調和的で，現場での安全性にも配慮した効果的な文化財などの保存法，生物劣化対策手法の確立に本報告書が貢献することを期待したいと結んでいる。併せて，図書館・博物館・公文書館等が所有する文化財に対するカビ対策の充実を図ることを求めている。（図書館雑誌第101巻第9号参照）

　正倉院の御物を見ても分かるように，千数百年の風雪に耐えてなお有効な保存状態を保っているという事実は，木造の校倉(あぜくら)造りの建築物内で四季の自然環境の下で保管しているからである。最近は正倉院においても現代的設備の下で管理されているというが，そのためにはあらゆる厳しい保存管理を当該職員が日夜，年中，施行しての結果である。空調設備やガス燻蒸による保管状態はここ数十年の経験しか存していないのであるから，その経験によって次世代の善後策を考案すればよい。

　また近衛家の陽明文庫のように，鉄筋コンクリート造り建造物内を総桐張りとし，木製の棚及び倹飩(けんどん)箱や筆筒(しつら)様式などの収納箱を設けて文書や貴重書の保存管理を施行している。このような場合でも，空調は自然通風方式に任せているという。日本でも代表的文化財の保存管理にこのような方式が採られているのである。いずれが貴重書の保存に適当であるかは保管者の責任に委(ゆだ)ねられているのであるから，保管には慎重に対処しなければならないことは勿論である。なお又，貴重書の保存書庫外での文化財の展示は，その保管上で短期間の終期を予め決めて行うことを勧める。

第4項　貴重図書の蔵書印押捺法

　稀覯書管理法上，貴重図書への図書館蔵書印の押捺(おうなつ)は保存管理が主であるからできるだけ差し控えるべきであるが，従来からの慣習上すでに自館以外の他の蔵書印が押捺されている稀覯書の場合は，その本の伝来を将来に向かって自館が館蔵していたことを実証するためには，次のような押捺法によって自館の蔵書印を捺印することを勧める。なお，参考のために中国における貴重図書の蔵書印押捺法について，p.53の参考図版(3)の重要文化財「周禮」巻頭の陸心源（中国宋版愛書家）等の蔵書印顆の群列は貴重図書の蔵書印押捺法のたいへん良い見本となる。

［貴重図書蔵書印押捺法］

① 蔵書印は図書館の顔であるから，大本の場合では少なくとも4センチ四方くらいの大きさの柘植(つげ)印が望ましい。種の保存のため象牙印，また毀損(きそん)が激しい水晶印は蔵書印として使用することは避けるべきである。

② 蔵書印を押捺するということは一見簡単のようであるが，文化財に丁寧に蔵書印を押すことは難しい仕事である。そのためには用具を準備する必要がある。最も重要なものは，第一に印泥（印肉）であるが，高級品を用意し，特に蔵書印は朱印が一般的であるが，中には墨印や紫色印を捺す例もあるので注意を要する。第二は印矩(いんく)（T字形・L字形の定規）を用意し，押印の位置が決定したら左手で印矩を据え，右手で蔵書印を印矩に垂直にあてがいしっかりと捺す。

③ 普通，蔵書印は本文巻頭頁の右肩上部の空白部分に押印するのが例である。すでに，その場所に別種・他種の蔵書印が数顆(すうか)押捺されている場合は，その下部に押捺する余裕がある時はその下に捺す。自館の蔵書印がすでに多数の他種の印が捺されていて，下部に押捺

できない場合は，巻頭上部の印の左隣りの空白部分に蔵書印を押捺すればよい。(p.53，図版（3）参照）

④ 受入印は貴重書の場合は省略してもよい。館の規則によって押印の必要がある場合は，館ですでに用意してある小紙片に受入印を押捺して適当の場所に添付するなどの処理をすればよい。なお，隠印は貴重書には必要ない。

⑤ 貴重書に対する請求記号を記入したラベルの処置法は，貴重書に直接貼り付けることは，汚損する場合があるので，貴重書の帙あるいは保管箱などに請求記号（分類記号＋著者記号＋図書記号）ラベルを貼付すればよい。

第5項　稀覯書の受入方法

稀覯書を図書館が受け入れる場合には次の三つの受入種別がある。(1)購入受入，(2)寄贈受入，(3)保管転換受入の3種である。

（１）　稀覯書の購入受入法

稀覯書の受入法は購入受入が主であるので，稀覯書の購入に際しては，購入価格が非常に高額になるので，購入手続き規則を予め定めておく必要がある。

稀覯書の購入法には，1.古書店から購入，2.古書店よりの見計らい購入，3.古書入札展観会での入札購入の三つの態様がある。それぞれ三つの態様に備えて予め稀覯書受入規則を定めておく必要がある。特に，稀覯書の購入価格がいずれの場合でも普遍妥当性があるか否かが問題となるので，各専門分野のスペシャリストの助言を待って価格を決めるようにしておくとよい。

特別に信用のおける古書店2店舗（例えば，日本で最も権威のある古典籍の入札販売組織である東京古典会に所属する浅倉屋書店とか一誠堂

書店) くらいと普段から取引を行っておき，購入側の図書館と納入側の古書店とが相互に信頼関係を保持するように務めることが望ましい。なぜかというと，いずれの古典会でも，入札によって稀覯書を購入する場合は，古書店を通じてしか入札に参加できないからである。古典籍の入札会に応札(おうさつ)をする場合，通常は安値の3枚札，高額品の入札は5枚札となる。入札によって古典籍が落札された場合は落札価格に入札店舗の手数料1割を加えた値段が購入価格となる。したがって，古典籍の入札依頼店舗に対しては購入価格の設定(勿論，図書館側で指値を入れるのは自由であるが)や入札手続きを一任するので両者の信頼関係の維持が稀覯書購入受入れ手続きには重要な要素となるのである。

　なお，貴重な古文書・記録類を購入して新たに貴重書庫内に収納保管する場合は，その資料類を予めガス燻蒸を施してから収蔵庫に収納するように努める。

(2) 稀覯書の寄贈受入法

　図書館の種別によって寄贈受入の態様はさまざまであると思われるが，いずれにしても稀覯書の寄贈受入に際しては，特に当該資料は高額となるので，予めその利用規定と謝礼について，それへの対応の規則を定めておく必要がある。稀覯書の寄贈受入の場合には，寄託契約による受入は後々，問題となるので，できるだけ避けた方がよい。なぜならば，無償寄託であっても目的物である稀覯書の返還については，寄託者は受寄者である図書館にその所有権が無いので，いつでもその返還を請求できるから，将来に向かって保管と利用上で不安定な状態を図書館側にもたらすからである。

(3) 稀覯書の保管転換受入法

　公共図書館・大学図書館・専門図書館でも他の関係所属機関より当該資料の保管転換による受入の場合は，当該資料が非常に高額となるため

に上記二種の受入の態様を参考にして予め貴重書の保管転換受入規則を定めておく必要がある。

第6項　稀覯書の評価基準

　本章の序文でも稀覯書の評価基準については言及したが，図書館における貴重書は館種によって，その評価基準に態様の差別がある。この条項ではあくまでも斯界における一般的な評価基準について下記のように述べておく。

（1）　古版本の場合

　慶長勅版・伏見版・駿河版・嵯峨本のような古活字版の稀覯書では慶長元和（1596～1624）以前が常識であるが，版本を含めて現在では元禄（1700）時代以前の版本は既に貴重書の扱いをする評価基準が一般的である。

（2）　古写本の場合

　稀覯書の対象となる古写本（すなわち古い時代に筆写された本）とは，日本では慶長元和頃までの本をいうことが多い。しかし，国史・国文関係資料や奈良絵本などの写本は時代的にはやはり元禄（1650年頃）あたりが一つの目安となる。

（3）　名家自筆本・名家手択本の場合

　図書館の館種によって稀覯書の対象となる名家自筆本・名家手択本の評価基準は相違するが，一般的には古版本・古写本の場合と同様に，目安としては一応，元禄時代が相当と思われる。ただし，大学・研究所等の創設者，及び図書館の創設に関係した人のような例は，たとえ明治人であっても，この評価基準に該当する場合があるであろう。このような類例では特別の評価基準が与えられて然るべきであろう。

（4）　古絵図の場合

最近では地方自治体の図書館や公文書館・歴史資料館などが地方資料として当該地区の古絵図類を積極的に収集しているので，古書店における当該資料の価格が高騰を来たしている。ために当該資料の評価基準が曖昧となっているが，古絵図などは残存情況が比較的僅少になってきているので，館種によっては特別に評価基準規定を定める必要がある。この場合の古絵図とは，徳川時代（江戸時代1600～1867）の各種絵図類（村落・河川・山・古城・風物・人物・社寺など）とする。
（5） 古地図の場合
　たとえば，江戸の切絵図などは古書店業界でも僅少となってきているので，稀覯書の対象となる評価基準を物によっては購入価格で決めるのも一考である。例えば，一点，百万円以上の古地図資料は貴重書扱いとするようにである。
（6） 古版画の場合
　一般的には江戸期の木版画が例であるが，多色刷りにした浮世絵を錦絵というが，これは特に明和以降，鈴木春信が創始した絵師・彫師・摺師が協力して摺り出す精巧で華麗な木版画をいうが，最近では極めて高価となってきている。古版画の貴重資料としての評価基準は購入価格によるのが妥当と思われる。一点，百万円以上とする。
（7） 古文書の場合
　筆者が藤井貞文教授より「古文書学」の講義を受けた時には，古文書とは元亀，天正（1570～1591）までの文書・記録を指していったのであるが，最近では地方資料の雄としての地域の近世地方文書を一般的に古文書といっている。史料として，地域の庄屋文書や商家文書及び維新期の府藩縣三治時代の古文書・記録のように，一括でまとめて図書館が受け入れた資料を貴重資料として評価基準で評価する場合がある。図書館が古文書を受け入れる場合は，受け入れる文書史料の量によって，寄託・

寄贈・購入の態様があるが，それぞれの例によって評価基準を決める必要がある。しかし，現在では古文書は公文書館資料として受け入れるのが妥当であって，図書館資料とするのは社会の趨勢になじまない。

第7項　稀覯書の修理法

　稀覯書の修理は，あくまで文化財を保存するという立場から，その修理に際しては，袋綴の冊子本，その他のいわゆる和装本，巻子本，折本，掛軸，古文書などのさまざまな形態における破損状態に相応しい修理方針を立てて，その伝来の歴史的変遷過程を十分考慮に入れて，修理においては，個々の稀覯書が保持している学術的価値を減ずることなく将来へ確実にそれを残して行くという保存の理念を，図書館側で持つことが非常に大切である。

［稀覯書修理の原則］

　① 今日まで伝世してきた以上に損なわないよう，現状を維持すること。

　② 稀覯書の残存形態の保護・保存を図ることが主で，補完を図る意味で，その復元作業は否定しなければならない。

　③ 稀覯書の公開・利用への対応のための修理ではなく保存修理が主で，過剰な修理は戒めなければならない。

　④ 稀覯書の部分的修理においては，全体の構造・材質のバランスを考慮して修理計画を立てること。

　⑤ 稀覯書の修理に当たっては二百年後の再修理の余地を残した計画を立て，その方法・素材・技術などの記録を後世の再修理に備えて必ず残しておき，報告書などを発行して修理作業を一般に公開することが肝要である。

　なお，図書館所蔵の稀覯書が文化財の指定を国より受ければ，文化財

保護に関する政府・地方公共団体の任務と所有者にはその保護に関する措置が課せられる。

　稀覯書の修理は都道府県教育委員会が窓口となって文化財管理が進められることになる。なかんずく傷みが激しく補修を必要とする文化財は文化財保護法第43条の規定により，その修理方を文化庁と都道府県教育委員会に申請し，そして当該都道府県教育委員会教育長より補修事業計画書提出方の照会があった後，その決定をみて，いよいよその事業が発足することになる。さて，そこで文化財修理を担当する専門業者の選定となるわけだが，それには文化財修理の経験を持ち，その技術に優れた能力を保持する資格ある業者を選定しなければならない。いまのところでは，修理業者としては京都府の宇佐美松鶴堂を筆者は推薦する。それは筆者が國學院大學図書館調査室で重要文化財「久我家文書」の補修を経験したからである。その時の補修事業計画書策定に際しては，文化庁文化財調査官と修理業者（宇佐美松鶴堂）及び図書館の三者共同で協議して作成した。因みに，総事業費約１億円に対する国と東京都の補助率は合わせて80％であった。

　さて，それでは稀覯書の修理における基本的な注意点を箇条書にして下記に述べることにする。古文献修理担当の司書は十分に留意して実施すること。

① 稀覯書の現状保存の形状は，繕い作業の中でできたことになる。
② 繕い紙は本紙の地色より薄目の色合いにする。
③ 両面書写の冊子本などの繕いは原則的に本紙の裏から作業を始める。
④ 本紙の劣化が激しく，腐蝕している状態の場合は裏打ちを施す。
⑤ 書状の場合，本紙と裏紙とは貼り継ぎがない。巻子本の場合は突き付けとする。

⑥ 巻子本は表紙と巻頭部分の本紙との亀裂や折れが生じやすいので注意を要する。
⑦ 巻子本の軸付け紙は本紙の長さの8割程度を基本とする。
⑧ 巻子本の太巻芯の使用はできるだけ避ける。
⑨ 掛軸装の場合，本紙が延びて，裂(きれ)が縮むので，糊付け部分に本紙はいっぱいに出すようにする。
⑩ 軸木の使用に際しては，樹脂や反(そ)り及び染色軸による汚染などを注意する。
⑪ 加湿法の修理の際は，本紙の損傷やシミが生じやすいので加湿度に注意する。
⑫ 糊・膠は湿気で接着力を失い，乾燥で接着が壊れやすいので，修理で最も大切なことは糊加減である。糊加減はできるだけ薄くすることを常に留意する。
⑬ 裏打ち紙の特徴は，増裏打ちの美栖(みす)紙は本紙や裂(きれ)の厚さや延び縮みにバランスをとること，中裏打ちの土佐典具帖(てんぐじょう)紙や薄美濃紙の使用は厚みの調整や強度の補強を目的とする。楮紙(こうぞ)の一番の薄手は紙背文書・端裏書・裏書の裏打ちに適合する。宇陀紙は総裏打ちに使用するのに優れている。
⑭ 表具の材料は，繊細な天然材料の紙と裂(きれ)と糊と水だけであるので，あらゆる状況を勘案し，修理作業に際しては時間と手間を惜しんではならない。
⑮ 軸を桐箱の中で保存する場合は，打刷毛(うちはけ)，撫刷毛(なでばけ)のいずれでもよい。実効湿度は60%が最適である。

(本項は池田寿編「書跡・典籍，古文書の修理」『日本の美術　480号』参照)

［附録］　　古文献に関する用語解説の凡例

凡例（1）　項目の選定について

　古文献上の諸種の用語は『日本目録規則・1952年版』の用語定義集に掲載されている用語解説項目をまず第1に選定の対象とした。本規則がいう和漢書に関係する項目とは，先に第1章で定義した古文献に，筆者が文部省図書館職員養成所時代に樋口慶千代講師から伝授された古文献の項目をも，さらに追加したものである。

凡例（2）　古文献用語の解説範囲について

　古文献用語の解説については，その記述を進めるに際して，その必要上，古文献の用語について数十語の範囲内での簡略な解説文を付しておくことにする。

凡例（3）　引用文献・引用資料について

　古文献用語の解説に際しては，筆者の執筆以外の解説文には「日本目録規則1952年版」「日本目録規則　1987年版改訂2版　追加および修正」掲載の用語定義や『図書館用語集　3訂版』及び『大辞林』および『国史大辞典』の古文献に当該する項目から適宜，参考のために引用した場合もある。

　本書が教科用図書的著書であるため，引用した解説項目の執筆者名を一々挙げなかったので，ここでまとめて，厚くその学恩に対し感謝の意を表する次第である。

凡例（4）　古文献解説用語の形式について

　解説用語の形式は，最初は解説文，次は解説項目の末尾に参考のために引用文献があれば（例：『崎陽群談』「唐物目利」）のような注記を書き加えた。あるいはまた必要に応じて，その著者名を掲載した場合もある。適宜，参考のため図版を掲載した。

凡例（5）　古文献解説項目の排列法

　巻末に付した古文献用語の排列法は，その用語の仮名表記の五十音順に排列した。

[附録]　　　　　　　　古文献用語解説

相板［あいはん］　江戸時代の蔵版書肆が株仲間を組んで，出版に際して留め板制度を持って，再版をおこす際に，仲間が持った版木の相板を持ち寄り刷り立ての準備を整えて出版をした。相板の版木が1枚でも足らないと出版できないという仕組みで，相互に勝手な出版を規制した。その版木を相板という。

赤本［あかほん］　草双紙の一つで，延宝年間に始まり享保・寛延（1673〜1750）頃まで出版された。「桃太郎」「猿蟹合戦」などの御伽噺で，絵が主体の子供向けの本。型は半紙半截の「赤小本」ともいわれ，赤い丹表紙の全5丁一冊本である。別名は「ひいな本」とか「赤表紙」といわれた。　例：初春のいはひ

青本［あおほん］　草双紙の一つで，赤本に次いで延享頃から安永の始めまで江戸で流行した表紙が萌葱色の絵本をいう。この本の型は一冊5丁で，数冊をもって一巻とする中本である。表紙が萌黄色なので青本というが，草双紙の総称でもある。大衆の読書力も高まり，専門の作者も現れ，題材は歌舞伎・浄瑠璃・軍記物から取り，鳥居派画風の挿絵の掲載が多い。　例：風流鬼瘤昔咄

一枚物［いちまいもの］　一枚の紙葉に書写・印刷されている資料をいう。紙一枚に刷った浮世絵・暦・番付・瓦版・引札・社寺，街道案内図などがある。いわゆる「まくり」が主体で，軸物や色紙などの一枚物を装丁した場合は含まない。

逸書［いつしょ］　記録にあって実在は確実であったが，現在は所在不明で見ることのできない図書をいう。佚書とも散逸書とも亡失図書ともいう。
　　例：延喜格　十二巻

異版［いはん］　同一内容の図書を，異なった版木，又は組版で印刷・刊行した図書。一般には図書の内容が改変されていない図書をいうが，近年では，改訂版・増補版・簡略版なども異版ということがある。

異本［いほん］　元来，同一の書物であるが，伝写などの事情によって，文字や版面に多少の異なりを生じている書をいう。特に，流布本に対して，特殊な伝本を異本という。整版などの古刊本ではすべての異版を異本ともいう。

[附録] 古文献用語解説

異名同書［いめいどうしょ］　同一内容の図書で，二種以上の異なった書名を持つ本のこと。　例：古事談→宇治拾遺物語

浮世絵［うきよえ］　江戸時代，遊里・芝居・相撲などの浮世の風俗を題材に取った絵で，肉筆画と版画とがあり，江戸末期には多色刷の錦絵と呼ばれる版画が流行(はや)った。鈴木春信，喜田川歌麿，東洲斎写楽，歌川広重，葛飾北斎などが著名である。　例：東海道五拾三次

浮世草子［うきよぞうし］　江戸時代の小説の一種で民衆の教化・啓蒙を主とした仮名草子に対し，遊里・芝居などの浮世を描いたのが浮世草子である。好色物・町人物・気質物・怪異物など複雑多岐にわたる小説で，浮世本ともいう。
　例：好色一代男

謡本［うたいぼん］　能楽の詞章を記し，その脇に曲節の譜をつけ，テキストとして使える写本又は版本をいう。現存最古の謡本は世阿弥の手になる本であるが，江戸時代の元禄年間に謡本は完成された。　例：高砂

影印本［えいいんぼん］　古書などを写真にとり，整版印刷によって複製した本。

絵本［えほん］　江戸時代，絵を中心とした読み物の図書，又は絵入り本をいう。これには図譜・図録・図鑑は含まない。奈良絵本のように絵と詞書を分けて巻子(すじたて)仕立にした本や，和装本仕立の本もある。江戸時代には教養・娯楽を目的とした絵草紙が数多く出版されていた。

往来物［おうらいもの］　平安末期から明治初期まで続いた庶民教育のための寺子屋の教科書。平安末期成立の明衡(みんこう)往来や南北朝期成立といわれている庭訓(ていきんおう)往来などを古往来(らい)というが，内容は消息の模範文例集である。江戸期の往来物は消息・教訓・女用・地理・窮理・合集物というように複雑多岐にわたっている。往来物の最盛期は明治初年であった。　例：庭訓往来

奥書［おくがき］　和古書，漢籍で，著者，書写者，校合者，所蔵者などが，著述，書写，校合，成立などの事情について，本文または資料の末尾に記したものをいう。奥付(おくづけ)は著者・書名・出版社・出版地・出版年を記載している。明治期にこの慣例は出版条例に取り入れられるところとなった。

御伽草子［おとぎぞうし］　室町時代から江戸初期にかけて成った300余篇の短編の物語をいう。種類には恋愛物・稚児物・遁世(とんせい)物・本地物・異類物などがあ

る。一般には，江戸初期，大坂の本屋渋川清右衛門出版の横本23篇の短篇物語草子を指す。草子ものは御伽草子→仮名草子→浮世草子→草双紙（赤本・黒本・青本・黄表紙・合巻）の順で代わった。　例：物臭太郎

大本［おおほん］　本の大きさは美濃半切が大本，美濃四半切を**小本**とし，双方の中間を中本とする。この他に，大本より大なる本を**特大本**とし，小本より小さい本を**枕本**といい，さらに小さい本を**豆本**という。

鸚鵡石［おうむいし］　歌舞伎の名台詞を抜粋した小冊子をいう。声色の練習用に古くから各座の興行ごとに出版された。台詞付け，声色本，つらね本ともいった。　例：物真似狂言尽鸚鵡石

折本［おりほん］　一枚の料紙又は数枚を一方継ぎにした一連の紙を，適当な幅に折りたたみ，表紙と裏表紙を付けた本。巻子本は最後の方を読むのに不便なため，これを改良したとされる。帖，折帖，摺本とも呼ばれ，法帖・経典・集印帖に多く見られる。

改作書［かいさくしょ］　原著作を戯曲や脚本及び子供用などの目的用途から内容を改変して出版された本。　例：女用消息往来

懐紙［かいし］　詩歌を詠進する時に用いる料紙（用紙）で，檀紙を畳紙にして懐中したものを懐紙という。

界線［かいせん］　書写，印字面の上下の境界や文字の行の境を示すために，料紙（用紙）に規則的に引かれる線をいう。

改題書［かいだいしょ］　既に出された本を，後で何らかの理由から書名のみを変更して出された本をいう。例：　自遣往来→江戸往来

改装本［かいそうほん］　和古書の場合，古い書物の表紙を，新しい表紙に改めて出された本。往来物の出版に多く見られ，重装本ともいわれている。

改訂版［かいていばん］　一度出された本の内容を変更・訂正して，新しく出された本。新本などでは改訂版・増訂版・増補版・改訂増補版などという場合がある。　例：改訂肥後藩国事史料

会見記［かいけんき］　特定の場所で，特定の被会見者に記者が会って話した内容を記録した本。被会見者が二人以上の場合もある。　例：条々聞書貞丈抄

各地詣［かくちもうで］　江戸末期の往来物で，神社・仏閣・各地名所などに物

[附録] 古文献用語解説

見遊山(みゆさん)で出掛ける際に参考に供した本をいう。往来物の分類では地理類に該当する。　例：三峰山詣

楽譜［がくふ］　音楽を一定の記号によって表現した本。　例：浄瑠璃譜

春日版［かすがばん］　平安末期から鎌倉時代にかけて興福寺で開版された佛書。春日版の特徴は整然とした太めの文字で，墨色も美しい大本である。春日神社に奉納された書籍のことをいう場合もある。

合刻書［がっこくしょ］　既に刊行又は伝写されている二つ以上の著作を合わせて出版した図書。　例：古学先生詩集・古学先生文集

合纂書［がっさんしょ］　一つの主題について，複数の個人著者又は団体著者が共同で執筆した図書。さらに主題や著者を問わず，複数の著作を一冊に編纂したものを指すことがある。この場合は合集ともいう。　例：小金紀行（友田次寛）・小金紀行（村岡良弼著）

合綴書［がってつしょ］　別々に出版された図書，パンフレット，抜き刷などを，所蔵者の都合によって一冊に綴じ合わせた図書。　例：古京遺文（狩谷棭斎）・右文故事（近藤重蔵著）

仮名草子［かなぞうし］　江戸初期に出された仮名交じり文の本。その種類には，物語・小説・教訓・地誌・遊女評判記などがある。文芸史的には室町時代の御伽草子に始まり，次は仮名草子になり，西鶴の浮世草子へと連なる。　例：清水物語

刊記［かんき］　和古書，漢籍で出版年月，出版地，出版者などの表示をいう。概(おおむ)ね資料の巻末に用意されている。

刊行年［かんこうねん］　和古書，漢籍で，一般に版木の彫刻・校正・印刷が終了し，出版した時点の年。図書が実際に印刷された年を**印行年**ともいう。

巻子本［かんすぼん］　一定の紙を横に何枚も継ぎ貼りし，その最後の端に木や象牙の軸を付け，保管する時には軸に紙を巻き付ける形の本で，巻物(まきもの)ともいう。日本では絵巻物として発達した。　例：奈良絵本竹取物語

漢籍［かんせき］　中国人の編著書で，中国語で書かれ，主として辛亥(しんがい)革命（1911年）以前に著述，刊行された資料をいう。日本などで刊行された，いわゆる和刻本の漢籍を含むものとする。一般に近代の洋本仕立の本は含まない。漢籍の

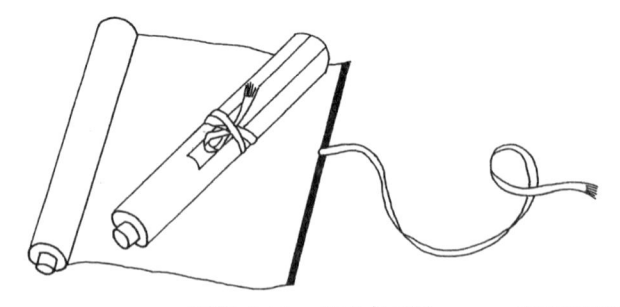

図版（4） 巻子本の図　　（『図書館用語集』による）

うち，中国で出された本を**唐本**(とうほん)といい，それを日本に輸入して復刻した本を**和刻本**という。和漢書と総称する場合もある。

官選書［かんせんしょ］　太政官や幕府・政府が編集・選定した書物。
　例：文徳実録

完本［かんぽん］　1部2巻（冊）以上の全集本で欠巻（冊）のない揃本をいう。

刊本［かんぽん］　広義の刊本とは印刷刊行された本のことをいう。狭義では近世における版木から印刷された整版を刊本という。最古の刊本は神護景雲4（770）年の「百万塔陀羅尼経」で，『東大寺要録』ではこれを摺本といっている。

稀覯書［きこうしょ］　非常に価値のある大切な本で，滅多にない珍しい貴重本。古写本・古活字本・稀書ともいう。　例：慶長勅版「日本書紀神代巻」

偽書［ぎしょ］　ある人の著書であるかのように，他人が名を騙(かた)って作った本。原作者不明の著作に偽の作者名を付した仮託書，現存しない著作を新発見書と称するが如き**偽本**(ぎほん)又は**贋本**(がんぽん)がある。

黄表紙［きびょうし］　草双紙の一つで，黒本・青本に次いで安永頃から文化年間まで江戸で流行(はや)った黄色い表紙の絵本をいう。本の型は半紙半截で一冊5丁(ちょう)の中本三冊から成る。幼稚な草双紙から脱して成人向け読み物となり，文化年間には合巻物に移行した。　例：金々先生栄花夢（恋川春町著）

匡郭［きょうかく］　木版本や活字本などの，版本の各丁(ちょう)の四周を囲む枠線のこと。線の一本のものを単辺，二本のものを双辺という。

狂言本［きょうげんぽん］　元禄時代，浮世草子や絵入り浄瑠璃本の影響を受け，京阪を中心に挿絵入りで刊行された歌舞伎の脚本で，絵入り狂言本といい，配

[附録] 古文献用語解説

役をも含めた10丁程度の「並本」という一冊本であった。狂言の台本は室町期からあったが，江戸時代に公刊されたのは「狂言記」のみであった。
  例：百合若大臣（三升屋兵庫＝初代市川団十郎著）

教書［きょうしょ］　大統領・知事が議会に対して発する政策・立法上の意見書。あるいは三位以上の貴人の意向を伝える奉書を御教書という。
  例：一般教書（State of the Union Message）

共著書［きょうちょしょ］　二人以上の著者が共同して著した図書。各部篇を各著者が個人で分担した合纂書とは区別する。各著者を共著者という。

記録［きろく］　後のために物事を書き記し，残して置いた書。古文書学で古文書と区別して，特に公私の日記類を記録という場合がある。　例：名月記

金石文［きんせきぶん］　金属器（鼎(かなえ)など），石（玉や碑）などに彫刻した文字を指し，目録学上ではその拓本又は写真版を指す。　例：好太王碑

金平本［きんぴらぼん］　元禄年間，江戸で刊行された読本(よみほん)浄瑠璃本をいう。
  例：頼光跡目論

国尽［くにづくし］　往来物の地理類の一つで，諸国の国名を記した本。
  例：国尽

黒本［くろほん］　草双紙の一つで，延享年間の初出，宝暦・明和（1751〜1772）に青本と共に流行した絵本。型は中本で5丁一冊となし，表紙が黒色ゆえ黒本という。題材の多くは歌舞伎・浄瑠璃・軍記物から採り，一名，黒表紙ともいう。　例：初戯場平家連中

古状揃［こじょうぞろえ］　往来物の一種で，義経状・弁慶状などの古消息を集めた寺子たちの歴史教育上の往来物である。　例：義経状

訓点書［くんてんしょ］　漢文を訓読する際に，漢字の上や周囲に書き加えられた符合（返り点，オコト点）や仮名（振り仮名，送り仮名）などを付した図書。
  例：訓点和蘭文典

稽古本［けいこぼん］　長唄・浄瑠璃・謡曲などの詞章やそれに譜節を付けた本で稽古に用いる本。　例：八島

系図［けいず］　先祖以来の一族の血縁関係を示した系譜。　例：萬里小路家系譜

外題［げだい］　書物の表紙に記載されている書名・題名のこと。和装本の場合

には直接表紙には記さず，表紙の左肩上部あるいは中央上部に細長い紙片の題
簽に書名を記すのが通例である。題簽による外題を貼外題，手書きの外題を書
外題という。絵入り狂言本・浄瑠璃本・赤本・黒本・黄表紙などの題簽に絵と
書名を刷ったものを絵外題，その表紙を絵表紙という。本の書名や内容・目次・
絵図などを刷った横長の外題を表紙に貼ったものを副外題とか，目録外題・副
題簽ともいう。

欠本［けっぽん］　巻や冊などが欠落していて，全巻あるいは全冊が揃っていな
い資料。

外典［げてん］　佛書を内典というのに対し，佛書以外の書物を外典といった。
日本では主として儒教書を指す場合が多い。

元版［げんぱん］　中国，元代に出版された版本。内容は宋版の覆刻が多く，紙
質・印刷とも宋版や明版には劣る。　例：漢書

原本［げんぽん］　編著された当時の本を原本とか祖本という。

後印本［こういんぽん］　和古書，漢籍で以前使用した版木を用いて，後に印刷
した図書をいう。

航海日誌［こうかいにっし］　航海中の情況について，定式で記録する船舶用の
日誌。　例：聯島大王航海日誌

合巻本［ごうかんぽん］　草双紙の一つで，化政期（文化文政時代1804〜1820）
に流行した読み物。5丁一巻の草双紙を数冊合綴して一編となしたところから
合巻と称した。　例：白縫物語

康熙綴［こうきとじ］　本の綴じ方の一種で，四目綴の上下の端穴と上下右角と
の間にもう一つずつ穴をあけ，これに糸を通して角のまくれを押さえるように
二重に綴じた本のこと。清の康熙帝時代の唐本に多いのでこの名がある。

後修本［こうしゅうぽん］　和古書，漢籍で，版木の一部分を紛失，あるいは摩
滅したためなど，何らかの事情からその部分の版木を後から補修した図書。

好色本［こうしょくぽん］　元禄期に遊里の好色生活を題材にした浮世草子をい
う。　例：傾城禁短気（江島其磧著）

楮紙［こうぞし］　楮の樹皮の繊維と黄蜀葵を混ぜて水に溶かした原料を薄く
簾の上に布いて漉いた紙で，産地は高知県がよく知られ，和紙の中で代表的な

ものである。奉書・檀紙・杉原・西の内などとして各地で作られている。大福帳・写経用紙・障子紙・傘紙などに用いられ，穀紙・梶紙・楮紙ともいわれる。

校訂書［こうていしょ］　古書などの原本の本文を他の伝本と比べ合わせて校訂して出来た図書。　例：校訂古語拾遺

講話集［こうわしゅう］　ある主題を受講者に講演者が話した記録をいう。この本と同種の記録に談話集・講演集・講義集がある。　例：心学講話集

高野版［こうやばん］　鎌倉中期以後，高野山金剛峰寺で印刷発刊された密教関係書を中心とする佛書類の総称。　例：十一面観自在菩薩経

五山版［ございばん］　鎌倉末期から室町時代に京都・鎌倉両五山を中心に出版された木版刷りの書籍。宋元版の版式の覆刻本(ふっこくぼん)が多く，内典・外典に及ぶ数百種に上る本が出版された。　例：禅門寳訓（鎌倉建長寺版）

古代律令書［こだいりつりょうしょ］　古代中央主権国家の基本法のこと。律は刑罰規定，令は国家制度を定めた基本法。格は律令の増補修訂規定，式は律令格の施行細則。　例：養老律令，貞観格，延喜式

古書［こしょ］　和漢書では徳川末期までの本をいい，現在では通常の流通経路では入手できず，古典籍入札会などを経て手にする古い書物。古書は，近々一度以上読者の手に渡って，いわゆる古本流通経路を経た古本とは区別されている。それは新刊書が委託販売制度の小売書店で販売されているのに，古本は古物商の免許を持つ古本屋のみで販売されているからである。

古資料［こしりょう］　書写資料のうち，古文書・写本・手稿及びその複製物をいう。また，古文献を古資料とも呼称する。

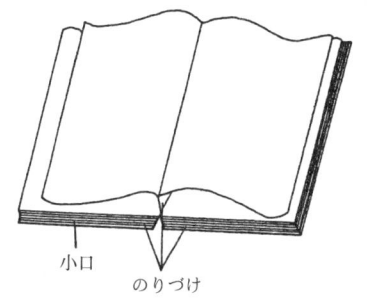

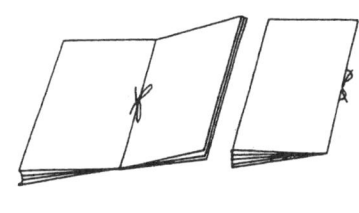

小口　のりづけ　帖葉（これを何帖か重ねて綴じ合わせると列帖装となる）

図版（5）　胡蝶装の図　　（『図書館用語集』による）

胡蝶装 ［こちょうそう］　和漢書の装丁の一種で，紙を一枚ごとに本文を内にして，二つ折りにし，折り目の箇所に1センチくらい糊を付け，これを次々に貼り合わせて重ねた形の本。ちょうど，折本の一方を糊付けし，一方を切り離して造本したがため，その本の姿があたかも横から眺めると蝶が翅を開いたような形をなしているので胡蝶装という。粘葉装とは別である。

滑稽本 ［こっけいぼん］　文化・文政時代に，気質物や談義本の後を継いで，町人の日常生活を滑稽中心に対話文形式で綴った小説。　例：東海道中膝栗毛

古版本 ［こはんぽん］　我が国における室町末期までの版本を古版本というが，古活字本を含めて寛永年間までの本を指すこともある。京都の嵯峨で光悦や素庵が刊行した豪華本を嵯峨本とか光悦本，あるいは角倉本というが，これも含まれる。　例：嵯峨本伊勢物語

小本 ［こほん］　半紙を四つ折りにした大きさの草双紙や洒落本のこと。　例：通言総籬

嵯峨本 ［さがぼん］　近世初期，京都の嵯峨で本阿弥光悦や角倉素庵が刊行した木活字の豪華本。角倉本・光悦本ともいう。　例：嵯峨本伊勢物語

挿絵 ［さしえ］　挿絵とは書籍の文章の理解を助けたり，書籍に興味を持たせるために本文の中に入れた絵のこと。

座談書 ［ざだんしょ］　ある主催者が特定の主題について，何人かを集めて一座となして互いに話し合った記録を集めた本。また，主催者がいないで，自由で形式を抜きにして一座の者が話し合う場合の座談記録もある。　例：青淵百話

冊子 ［さっし］　中国古代では木や竹を細長く，かつ薄く削った片葉に文字を書き，この片葉を麻糸でからげ綴じて書物を作った。これを簡策という。策は後に冊の字を用いた。したがって，綴じた書物のことを冊子という。日本では，後に冊子は変化して物語やお伽草子などを草紙・草子ともいうようになった。

雑誌 ［ざっし］　誌名を持ち，定期的に発行され，複数の執筆者や記者が書いた記事，又は写真などを掲載する出版物。　例：反省会雑誌

私家版 ［しかばん］　古くは，勅版や官版に対して，民間の私人が刊行した版本をいう。

識語 ［しきご］　和古書，漢籍で，所蔵者や読者が，資料の伝来，入手の経緯，

[附録] 古文献用語解説

読後の感想などをその資料の巻末などに書き加えたもの。

色紙［しきし］　良質の厚様紙(あつよう)の表面に5色の墨流し模様や金銀箔の砂子散らし、雲母(きらら)引きなどを施した方形の厚紙を色紙という。これに文人墨客が漢詩・和歌・俳句・簡単な絵などを書き記す。

軸物［じくもの］　床の間に飾るために，書画を表装して掛け軸に仕立てたもの。巻子本や絵巻物なども軸物という場合がある。

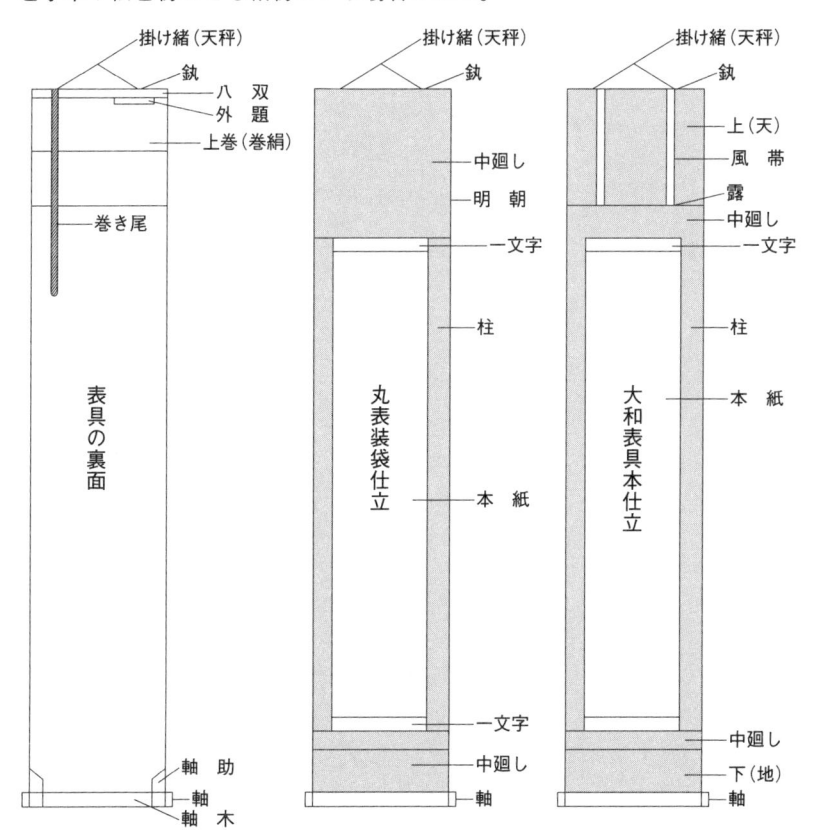

〔左図〕
- 掛け緒（天秤）
- 鈒
- 八双
- 外題
- 上巻（巻絹）
- 巻き尾
- 表具の裏面
- 軸助
- 軸木

〔中図 丸表装袋仕立〕
- 掛け緒（天秤）
- 鈒
- 中廻し
- 明朝
- 一文字
- 柱
- 本紙
- 一文字
- 中廻し
- 軸

〔右図 大和表具本仕立〕
- 掛け緒（天秤）
- 鈒
- 上（天）
- 風帯
- 露
- 中廻し
- 一文字
- 柱
- 本紙
- 中廻し
- 下（地）
- 軸

図版（6）　軸物の各種名称図
（㈱「ナカバヤシ」のパンフレットによる）

自遣往来［じけんおうらい］　江戸時代の庶民教育のための教科書の一つ。別名を**江戸往来**という。中身は江戸の地理・気候・風土・産物・名所旧跡の記述で

ある。　例：江戸往来
実語教［じつごきょう］　平安時代末に成立したが，江戸時代の寺子屋の教科書として採用された児童教訓書。　例：實語教諺解
写本［しゃほん］　書物には写本と刊本がある。印刷本がない時代は総て書籍は書写されていた。本を手書きで写した図書を写本という。写本のことを鈔本(しょうほん)・書本・繕本・謄本・録本ともいい，また写本には転写本・重写本・移写本の態様があり，有名人が書写した手写本・手筆本・手抄本もある。底本を敷き写しにした影写本・影鈔本(えいしょうほん)があり，底本によく似せて敷き写しにした幕写本や模写本もある。なお又，底本を横において似せて書いた臨写本や臨摹本(りんぼ)もある。一般に，古写本とは江戸時代初期の明暦・万治ごろまでの写本をいう。
洒落本［しゃれぼん］　江戸の遊里を題材にし，会話を基調とし写実的に描いた18世紀末に流行(はや)った小説で，書形は半紙四つ折りの小本である。　例：遊子方言
史書・地方志［ししょ・ちほうし］　史書とは官選・私選で国の歴史を記述した書物をいう。地方志とは官選・私選の地域社会の歴史書をいう。　例：秩父志
手択本［しゅたくぼん］　名家が常に手元に置いて愛読した書物。時には，著名人の書き込みがあり，名家の旧蔵書で，いわゆる由緒本(ゆいしょ)などともいう。
袖珍本［しゅうちんぼん］　衣服の袖に入れて持ち歩きできるような小型本をいう。袖珍(しゅうちん)とは「袖の中の宝」意味。かつては，三五版，三六版，菊半截版(きくはんさいばん)などの本をさしたが，現在では文庫版のような豆本がこれに当たる。
浄書本［じょうしょぼん］　読みやすいように手書きできれいに書き直された草稿本のこと。稿本には清書本と浄書本の二種がある。
浄瑠璃本［じょうるりぼん］　17世紀初め，三味線伴奏の人形芝居と結び付いた人形浄瑠璃が京都で流行(はや)り，後にこれは三都（江戸時代には，京都，江戸，大坂）に及んだ。浄瑠璃本とはこの浄瑠璃の詞章をしるした本のこと。
書簡集［しょかんしゅう］　書簡は差出人と名宛人の間で取り交わされた文書で，これを集めた本を書簡集という。　例：聖武天皇宸翰雑集
書誌・索引［しょし・さくいん］　書誌とは特定分野の書物に関する文献目録をいい，索引とは書物に載っている書名・人名・用語を五十音順に並べてその所在を示す表のこと。

[附録] 古文献用語解説

詔勅［しょうちょく］　律令制下，臨時の大事に発せられた天皇の命令を詔（みことのり）といい，通常の小事を伝える天皇の命令を勅（みことのり）という。　例：改元の詔，大納言以上の官職を任命の勅

条約・外交文書［じょうやく・がいこうぶんしょ］　国際間の，又は国家と国際機関との間の法的な合意書。条約，協約，協定，憲章，取決書，議定書，宣言，規程，規約，通牒，覚書等の外交文書がある。　例：安政五箇国条約

虱本［しらみぼん］　江戸期の明暦年間に刊行された細かい字の絵入りの浄瑠璃本。　例：浄瑠璃文句評註難波土産

塵劫記［じんこうき］　江戸時代の数学書のこと。　例：改算記

神書［しんしょ］　神や神道に関係することを記した書物。神道には両部神道，伊勢神道，吉田神道，垂加神道，復古神道がある。　例：「神道五部書」は，伊勢神道の根本経典で，「天照坐伊勢二所皇太神宮御鎮座次第記」をその第一書とする。

新聞［しんぶん］　社会の出来事を伝える誌名を持つ定期刊行物。日刊，週刊，旬刊，月刊の刊期がある。　例：官板バタビヤ新聞

杉原紙［すぎはらがみ］　播磨国杉原谷村で産した紙。鎌倉期以降，武家の奉書用紙として用いられ，贈答品に供された。江戸期には各地で漉かれ，広く用いられた。

摺本［すりほん］　摺本とは版木で刷った本のこと。

聖書［せいしょ］　聖人の書いた書物，キリスト教の聖典をいう場合もある。　例：新約聖書

節用集［せつようしゅう］　日常語彙あるいは古典語をその頭音のいろは順に並べた辞書。古態を保つ慶長以前のものは古本節用集と呼ぶ。

説話集［せつわしゅう］　民間に伝承された昔話を集めた本。日本では奈良時代の日本霊異記に始まり，平安時代の今昔物語集もあるが，鎌倉時代は特に多くの説話集が編纂された。　例：日本霊異記

撰者［せんじゃ］　一般には詩歌・文章・書物などの著者と同じであるが，編者の場合にも用いることがある。

旋風葉［せんぷうよう］　和装本の装丁の一種。折本を表紙でくるんだもので，

最初の頁を前表紙の内側に，最後の頁を裏表紙の内側に貼り付けて固定してある以外は折本(おりほん)と変わらず，2頁以降から最後の前頁までは背から遊離している型をしている本である。本が旋風に葉が舞い上がるような姿をしているのでこの名が付いたという。

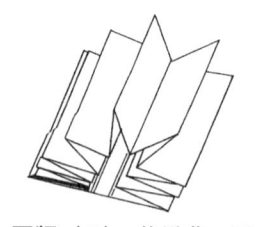

図版（7） 旋風葉の図
『図書館用語集』による

叢書［そうしょ］　一般には，特定の主題を限り，多数著者の著作を一定の企画のもとに出版した一連の図書をいう。通常，編纂者，叢書名及び巻数があり，かつ全巻（冊）同じ装丁である。但し，以上の条件が備わらなくても，多数の著作をある条件の下に一括して叢書として扱うことがある。　例：甘雨亭叢書

宋版［そうはん］　中国宋代に刊行された書物で，最古の木版印刷本。宋版は版木の彫りが精巧で字様も端正で美しく，紙・墨も上質な材料を用い，造本の姿も良く，内容も正確で学術的価値も優れていることで知られている。
　例：（重文）『李太白文集』30巻　南宋（12世紀）刊

蔵版者［ぞうはんしゃ］　製版印刷用の版木の所有者で，実際には古書における著作権所有者であると見做(みな)される。蔵版者を証明する印章を蔵版印という。

族譜［ぞくふ］　韓国における李氏とか金氏のような一族の家譜をいう。系図をいう場合もある。

題簽［だいせん］　タイトルや巻次などを記した細長い紙片で，主として表紙の左上部・中央上部に貼付(ちょうふ)されている。

畳物［たたみもの］　1枚か2枚以上の紙を継いだ料紙に書写又は印刷されたものを折りたたんだ形で保存されている本。広義の一枚物で大判の国絵図とか地図の例が多い。　例：正保国絵図

縦長本［たてながほん］　書籍の縦の長さが横の長さのほぼ2倍以上あるものを縦長本という。

探検記［たんけんき］　未知の地域の踏査記録。個人と団体の探検記がある。
　例：白瀬中尉南極探検記

短冊［たんざく］　和歌や俳句などを書き付ける細長い料紙で，寸法は縦1尺1寸5分，横幅1寸8分が通常である。料紙に墨流し模様や金銀箔の砂子散らし，

雲母引きなどを施した短冊もある。

檀紙［だんし］　古くは檀（まゆみ）の樹皮で漉（す）いた紙を言った。江戸期以後，縮緬（ちりめんじょう）状の皺（しわ）を特徴とし，紙の大きさと縮緬状の皺の大小によって大高・中高・小高の別がある。包装・文書（朱印状）・表具等に用い，陸奥紙（むつがみ）ともいわれている。

地図［ちづ］　地球表面を一定の方式で平面上に縮尺描画したもの。地形図・地勢図・地質図・海図・月面図などがある。一般に方位や縮尺が明示されている。一枚物や地図帳のように仕立てたものもある。

注釈書［ちゅうしゃくしょ］　語句や文章の意味を分かりやすく解説を施した図書。　例：源氏物語注釈全書

中本［ちゅうほん］　和古書の大きさの一種で，美濃紙半分の大きさの本をいう。大本と小本の中間の本で，滑稽本や人情本がこの大きさの本である。

丁［ちょう］　丁とは本の頁付（ぺーじづけ）を表わす言葉として用いられている。袋綴本の丁付けは本の折り目となる柱の版心に表記するのが通例である。「落丁」「乱丁」とは製本時の丁数が脱落したり，記載順の丁数が乱れていて丁数どおりに並んでいないことをいう。

朝鮮本［ちょうせんぽん］　朝鮮で李朝時代に刊行された書物をいう。字体は陰刻を以て標示し，綴糸（とじいと）が太く，大型で美麗な活字本が多く，日本にも多数伝わっている。　例：大典会通（趙斗淳編）

勅撰集［ちょくせんしゅう］　天皇・上皇・法皇など，みずからの詩歌集，あるいは天皇・上皇などの命により編纂された歌集，漢詩文集。　例：古今和歌集

著者［ちょしゃ］　図書を著した人，厳密には翻訳者，編纂者と区別する。広義ではこれらの者をも含む。

角書［つのがき］　主要書名の上に冠する副次的な呼称を角書という。『千字文』のように書名の上部に2行割り書きに記すので，動物の角（つの）のように見えるので角書というようになった。角書の主たる内容は，著者表示・版次・巻次・叢書名などの説明である。

底本［ていほん］　写本や刊本を作製する場合，拠（よ）りどころにした本を底本という。また，書物の本文を批判し校合する時に拠りどころにした本も底本という。

粘葉本［でっちょうぼん］　料紙を二つ折りにして重ね，折り目の箇所を糊付け

にし，くるみ表紙を付けた形の装丁本。

綴糸［とじいと］　糊を用いない装丁の一種で，料紙を二つ折りにし，それを数折り重ねて，折り目の反対側を糸で綴じた袋綴本に使用する糸のことを綴糸という。一般にはこのような本を和装本といい，あるいは唐本仕立や朝鮮本などを線装本ともいう。線装の綴じ方によって四目綴，康熙綴，麻葉綴，亀甲綴などの装丁がある。

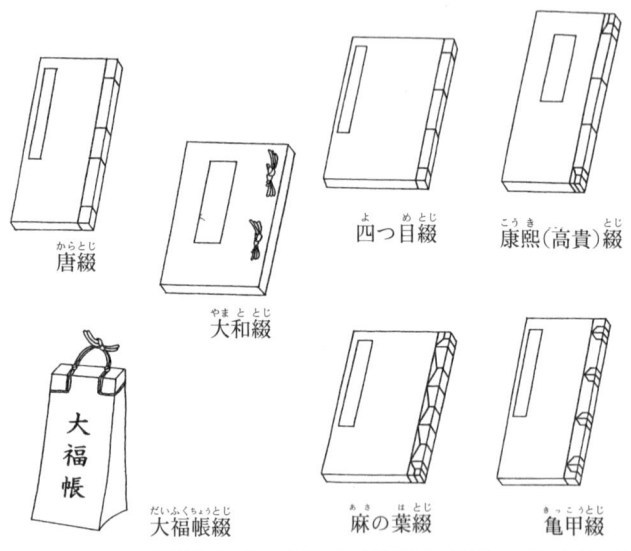

図版（8）　和装本の線装の各種　（『図書館用語集』による）

唐綴（からとじ）　大和綴（やまととじ）　四つ目綴（よめとじ）　康熙（高貴）綴（こうきとじ）
大福帳綴（だいふくちょうとじ）　麻の葉綴（あさのはとじ）　亀甲綴（きっこうとじ）

伝記［でんき］　個人の生涯の事跡を書き留めた記録。伝記には自伝と編纂者のいる場合がある。　例：聖徳太子伝暦

唐本［とうほん］　中国から来航する商船いわゆる唐船が長崎に将来した書籍を唐本という場合がある。一般には中国からもたらされた本をいう。
　例：通鑑明紀全載輯略

扉［とびら］　①和書のタイトル，著者，発行所などが記されている頁の総称。②和古書，漢籍で通常，見返し続く丁の表に書名・巻次などを記したもの。

留板［とめいた］　江戸時代，蔵版書肆が相板（あいはん）制度による出版をなす場合，個別書肆が保持している相板を留板（とめいた）という。

[附録] 古文献用語解説

名頭［ながしら］　往来物の一つで，人の姓名を集めて本となし，寺子がそれで字を勉強した図書。

奈良絵本［ならえほん］　室町時代から江戸中期に流行(はや)った御伽草子で，その詞書と挿絵から成る絵本をいう。普通は大和絵の絵師が御伽草子を題材にした彩色肉筆の絵本をいう。　例：酒呑童子

錦絵［にしきえ］　多色刷りにした浮世絵の版画。明和期に江戸を中心に，絵師・彫り師・摺り師が協力して刷り出した精巧で華麗な木版画をいう。

西の内紙［にしのうちがみ］　茨城県山方町西野内で取れた楮(こうぞ)を材料として漉(す)いた紙。唐傘紙(からかさがみ)・版画用紙などに用いられた。

日記［にっき］　日々の出来事や所感を日付ごとに，当日あるいはそれに近い時点で記した記録。覚書(おぼえがき)とは，ある期日に録者が出来事を忘れないために認(したた)めた書付(かきつけ)をいう。　例：忍岡南塾乗（林鵞峯）

人情本［にんじょうほん］　文政期から明治初期まで流行(はや)った風俗小説で，男女の恋愛物を描いたものが多い。泣き本ともいう。書型は中本で，前身の洒落本(しゃれぼん)よりやや大きい。　例：春色梅児誉美（為永春水著）

跋［ばつ］　書物の終りに，著者や編者あるいはその依頼を受けた人が巻末に記した批評・感想・本の成立あるいは来歴などの書誌的事項を記載した文を跋という。跋を跋文・跋語・後跋・書後という場合がある。奥書とは本文末に校訂の次第などを記した文であり，識語とは本に関する書誌的内容の文をいう。

咄本［はなしぼん］　江戸時代，笑い話を集めた本の総称。書型は半紙本から小本まで多様である。軽口本(かるくちぼん)とか小咄本ともいう。　例：醒睡笑

半紙本［はんしぼん］　書籍の大きさのことで，半紙を縦に二つ折りにした書型の本。

版［はん］　ある図書を著者又は編纂者が改訂，増補などして出版した場合の一つをいう。版次とはこの場合の順次のこと。

版式［はんしき］　版本の版面の様式。漢籍では「款式(かんしき)」の語を用いる。整版，活字版，拓印の三様式がある。

版種［はんしゅ］　出版の種別。出版者，出版地，出版時代などの別によるもの（勅版，官版，高野版，春日版，宋版，慶長版など）。及び，頒布別，利用者別

などによるもの（限定版，普及版，学生版など）そのほか，印刷方法による種別（写真版，石版など）もある。

版心［はんしん］　袋綴じの図書について，紙の中央の折り目に当る部分。和装本の最も一般的な形である。版本の前小口。

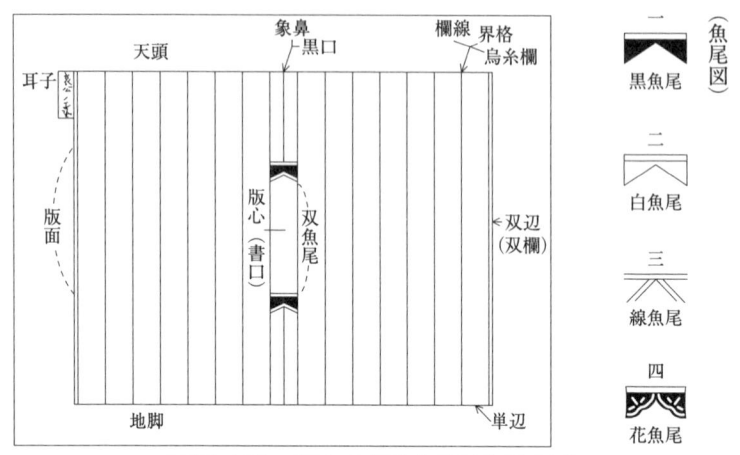

図版（9）　版心の名称と各種魚尾の図
（和泉新編「漢籍目録法」による）

版本［はんぽん］　明治以前の版本には木活字版と整版がある。元禄期以後に書物が多く読まれるようになると，桜の板木に2頁分の文字や絵を逆に彫刻し，これを整版として紙に印刷して本となしたものを版本という。したがって板本とも刊本ともいう。中国では槧本とか雕本という。

批点書［ひてんしょ］　詩歌・文章などを訂正又は批評して評点を付した本。
　例：評点経世余論

標題［ひょうだい］　書名，副書名，巻次，著者表示，版表示等の総称（Title）。

標目［ひょうもく］　記入の見出し語として用いる人名（著者，編者，訳者など），団体名，書名，件名などの総称（Heading）。

批評書［ひひょうしょ］　ある記者が特定の事物について評価を下した記録をいう。これには反駁書が用意されている場合がある。　例：内村鑑三文明評論集

袋綴本［ふくろとじほん］　書籍の装丁の一種で，書物の文字を書いた面が外側になるように料紙を二つ折りにして，折り目ではない方を重ね合わせて袋状に

[附録] 古文献用語解説

糸で綴じた本のこと。和装本と呼ばれる図書はこの形の本が多い。

覆刻本［ふっこくぼん］　和古書，漢籍で，既存の図書の版面どおりに模して版木を作り，出版した図書。既存の図書を一枚ずつに解体し，新しい版木に貼り付けて版下とするので，被せ彫りともいう。文字や様式を透写して版下にする場合もある。複製本の一種。

仏書［ぶっしょ］　釈迦とその法を受け継いだ仏教関係の本。仏書を以て内典という。仏書以外を外典という。　例：大毘盧遮那成仏神変加持経疏

古本［ふるほん］　新本（あらほん）に対して，一度以上読者の手に渡った本のこと。新本と古本は流通経路が異なり，新刊書店と古書店（古本屋）とは区別されている。新本を古本の流通ルートに卸して安値で販売する場合は，新刊割引とかゾッキ本という。

文芸書［ぶんげいしょ］　詩・小説・戯曲など，言語表現による芸術作品をいう。
　例：秋篠月清集

別書名［べっしょめい］　書名の別名。通常，「一名，○○○○」のようにその図書に表示されている場合がある。
　例：日本文典原理　一名，理論的日本文典

編纂書［へんさんしょ］　編纂者が一人又は二人以上の著者の著作又は諸種の資料を集め，これを整理して著作集，論文集などとして作った本のこと。辞書，事典，年鑑なども含まれる。　例：群書類従

補刻本［ほこくぼん］　整版（木版）印刷で，後に版木を亡失したり，破損した場合に新たに彫り足し，又は修理して印刷した本をいう。入れ木本ともいう。

翻案書［ほんあんしょ］　翻訳書とは別に，小説・戯曲などの原著作を別の目的用途から内容を大筋で変えずに再編した書物。原著作の自由訳本は翻案書とする。　例：白野弁十郎

翻訳書［ほんやくしょ］　現著作の内容を相当忠実に他国語に翻訳した図書。古文を忠実に現代文に改めた図書も含む。　例：和蘭風説書

美術書［びじゅつしょ］　絵画・彫刻・工芸などの美術作品を集めた書籍。

枕本［まくらぼん］　近世の小説本，男女の情交の様を描いた本で，箱枕の引き出しに入れて，嫁入り道具の一つにしたからともいわれている。小本のことを

いう場合もある。また，淫本，春本，猥本の類いをいう。

桝形本［ますがたぽん］　正方形またはそれに近い本。雁皮・三椏を主材料にした上質の和紙の「鳥の子紙」などを四つ折りにした四半本で装丁された綴葉本をいう場合もある。　例：高田専修寺本水鏡

豆本［まめぽん］　好事家の間で持てはやされている極めて小さい本。寸珍本とか芥子本ともいわれる。

丸本［まるぽん］　義太夫節の一曲全部の詞章を収め，曲節（ふしまわし）を付けた板本をいう。また，抜き本，抄本，欠本などに対していう場合がある。浄瑠璃の詞章に節付けをした版本を正本といい，あるいはまた省略のない本を正本という場合がある。

見返し［みかえし］　表紙の裏。写本では白紙であることが多く，金紙など装飾性の高い場合もある。江戸中期以降の版本では，タイトル，著者，出版者などが記載されることが多い。

美濃本［みのぽん］　岐阜県中南部の美濃地方から産出される美濃紙を使用した本。また本の大きさを表わす単位として美濃版紙を規準として大中小の本となした。

明版［みんばん］　中国，明代の刊本の総称。　例：吾学編

無著者名古典［むちょしゃめいこてん］　著者未詳又は著者の疑わしい古典をいう。　例：平家物語

無著者名図書［むちょしゃめいとしょ］　著者未詳又は著者の疑わしい図書。例：大和国山稜絵図

名家自筆本［めいかじひつぽん］　優れた家柄の人，即ち公卿家・羽林家・諸太夫家などに所属する人たちが書いた本のこと。　例：明月記（藤原定家記）

目録［もくろく］　図書館資料を統一的構成方針に従って，統制された記述・記入の順に排列して検索できるようにしたファイル。

木簡［もっかん］　古代，墨書にて文字を書き記すために用いた細長い木の札。

諸製本［もろせいほん］　大量生産の書籍や雑誌等の製本を数物製本というのに対し，注文者の希望に応じて一冊ずつ個別に行う製本のことを諸製本という。製本屋が図書館等の注文に応じて諸々の製本をするところから用いられた用語

[附録] 古文献用語解説　　　　　　　　　　　133

である。一般にいわゆる簡易製本や無線綴などの方法によるものは除いて，皮革本や縢製本などの堅牢な製本のことを指す。

問答書［もんどうしょ］　当事者二人で，問議した人に答議をした人の対話を書き留めた本。会談書は当事者が三人以上の対話書をいう。　例：三一権實諍論

大和綴本［やまととじほん］　書物の装丁の一種で，唐綴本に対して日本独特の綴じ方という意味で用いられている。実際の綴じ方については広い狭いがある。本文料紙を紙縒りで下綴じして，表紙をそえて装飾的な紐で結び綴じにした冊子をいう。二つ穴を一つ絡め綴じにした冊を大福帳綴といい，二つ絡め綴じのいわゆるアルバム様の冊を大和綴本ともいう。

洋書［ようしょ］　和漢書以外の外国語図書。江戸時代には蕃書といった。外国

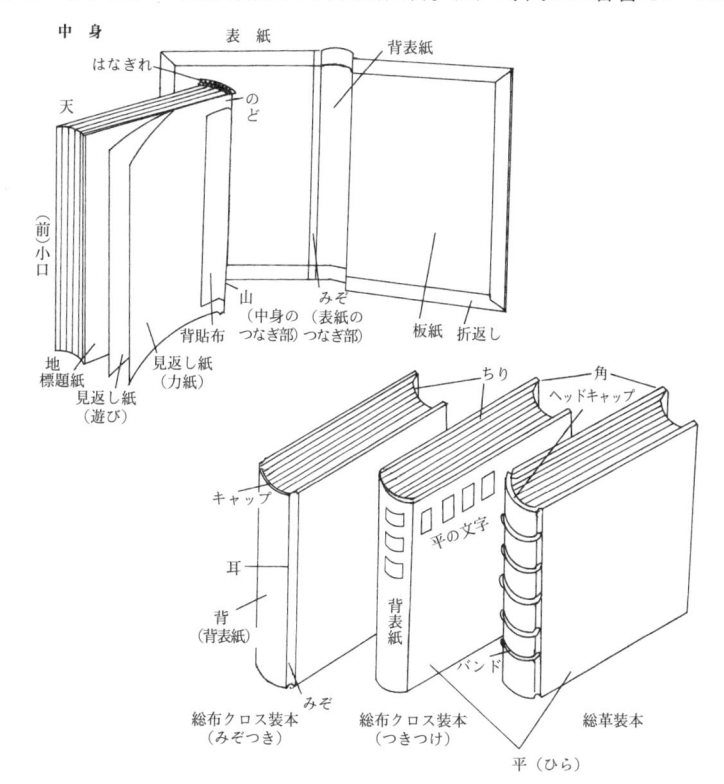

図版（10）　洋装本の各部の名称図　（『図書館用語集』による）

語で書かれた本で原書ともいった。

洋装本［ようそうぼん］　和装本に対して，洋式の製本法による書物をいう。一般には鞍型綴(くらがたとじ)や平綴本を除き，背表紙を持ち，中身は糸縢(いとかが)りで背固めに接着剤を用いた製本法を用いるのが特徴である。

横長本［よこながぼん］　図書の縦の長さが横の長さよりも小さい書籍。

読本［よみほん］　江戸後期の小説の一種で，中国白話小説の影響を受け，日本の史実を素材にした勧善懲悪・因果応報思想などの伝奇的傾向が強い作品である。寛政以後，江戸で流行し，雅俗折衷的な文体で，半紙本5,6冊を一篇とし，口絵・挿絵を持っている。　例：南総里見八犬伝

落丁本［らくちょうぼん］　書籍や雑誌の頁に，製本工程の丁合(ちょうあい)の際に1部の折丁を脱落したまま製本した本。

乱丁本［らんちょうぼん］　書籍や雑誌の製本工程の丁合(ちょうあい)の際に，折丁(おりちょう)の順序を間違えたまま製本した本。

流布本［るふぼん］　原本が失われて諸本の中で最も広く世に詠まれている本で構成されている本。原本は失われているが諸本によって本文を十分に校訂した本を定本という。

零本［れいほん］　多巻物の書籍のうち，欠本が多くて残存本が少ないものをいう。残本とか端本とかいう場合がある。一冊の本の一部分が残存している場合は零葉又は残欠という。

列帖装［れっちょうそう］　装丁の一種で，綴葉装に同じ装丁の本。大和綴に同じ。

猥本［わいほん］　性に関する事柄を興味本位に扱った本。淫本・猥褻(わいせつ)書・「わのじ」とも，「卍」印(じるし)ともいう。

和漢書［わかんじょ］　和書と漢籍との総称で，広義には朝鮮語（諺文(オンモン)）なども含む漢字使用言語で書かれた図書。洋書に対する和漢書なので和書という場合がある。　例：和漢書目録法

和古書［わこしょ］　日本人の編著書で，日本文で書かれ，日本で，主として江戸時代まで（1868年以前）に書写・刊行された資料をいう。

和本［わほん］　日本古来の装丁の本を一般に和本という。袋綴で四つ目の線装

本の俗称を和本という場合が多い。和書と同義である。

和装本［わそうぼん］　洋装本に対して和綴式の製本法を用いた書物を和装本という。したがって，巻子本・折本なども含む。一般には中国・朝鮮本の中装本（唐本）を含めていう場合もある。

跋　　文

　本書を上梓するに至った経緯を述べて跋文に代えたい。平成19年12月の國學院大學栃木短期大學における図書館情報学の集中講義テーマ「図書館資料論」に備えて，筆者は，当該テーマの外篇と目される和漢古書の組織法，すなわち和古書や漢籍資料の組織法ともいうべき「古文献整理法」の執筆に同年6月から取りかかった。そしてようやくその年の暮れの集中講義に古文献整理法の草稿本が出来上がった。早速，その草稿本のプリント版を國學院大學栃木短期大学教務課宛てに送付して，図書館学の受講生にこれを複製して配布するように依頼したのである。

　古文献整理法の標題紙に筆者は次のような献辞を掲げた。その献辞は，
　　「伝統的日本文化の花「古典籍」を勉強する縁として國學院大學栃木短期大學平成19年度「図書館資料論」受講生（国文科・家政科一年生）に本書を献呈する。永年勤めた本学図書館情報学担当講師を引退するに際し，そしてまた喜寿記念として本書を剞劂（きけつ）に付す」
という長文の辞章を並べたものであった。

　この古文献整理法の草稿本に手を加えて，畏友　志村尚夫氏に当該書の刊行について相談したところ，氏は逸早く図書館情報学の出版で名高い樹村房の取締役会長木村繁氏を紹介して下さった。本年3月，武蔵野市の一茶房に木村氏・志村氏・筆者の三人が会同して，同書の公刊を議定する次第に至ったのである。兼ねてから樹村房より慶應義塾大学教授の中村初雄氏と國學院大學図書館学担当教授の前島重方氏の両氏が監修された『図書館学シリーズ』全9巻が公刊されていることを知っており，かつ同シリーズは洛陽の紙価を貴めていたことも存じていた。前島氏とは出身大学も勤務大学も同じで，肝胆相照らす仲であった。だからして樹村房の社名と出版図書の内容は良く存じていたのである。今回図らずも同房より『古文献整理法』などという古臭い時代に合わない本を筆者の喜の字の祝いに上梓することに際会出来たことは誠に以て有難い話で，唯々

木村会長に感謝申上げる次第である。

　筆者が本書を出版する意図は序文で既に述べたとおりであるが、どうしても申し残しておきたいことがある。それは、國學院大學より法学博士の学位を授与された論文は明治国家のグランドデザイナー『井上毅研究』で、國學院大學図書館が架蔵する「梧陰文庫」の整理・研究・調査の結果、『井上毅伝　史料篇』全7巻と『井上毅伝外篇　近代日本法制史料集』全20巻を公刊する中から生まれたものである。それは筆者が図書館司書として40年間、終日乾々(けんけん)と勤めたことにある。そのことは法制史家としてではなく、さらにいえば、カタロガーでも、ビブリオグラファーでも、インデキサーでもなく唯々ライブラリアンとして生涯図書館で頑張って来たから果たせたのだと思っていた。生涯司書であったことに自分としては矜持(きょうじ)を抱き、将亦常日ごろ書籍の購貫を可能にした機会に恵まれたことに感謝する。

　本書を公刊するに際しては、改めて文部省図書館職員養成所の先生方や國學院大學図書館の先輩・後輩各位、併せて國學院大學栃木短期大学の関係各位に対し、さらには、特に古文献の整理に関係する文献資料を引用させて戴いた皆様には深甚なる謝意を衷心より表する次第である。跋文を閉じるに当って、荊妻の内助がなかったならばこの本を剞劂(きけつ)に付すことは出来なかったことを申し添え、有難く思っている微意をここに述べておきたい。

　平成20年5月24日

　　　　　　　　　　　　　　　　　　小金井市関野町の夏椿亭にて

　　　　　　　　　　　　　　　　　　　　　　木　野　主　計

事項索引
[用語解説の見出し語はここに含まれていません]

あ

アーキビスト 85
アクセスポイント 95
浅倉屋書店 106
麻葉綴 128
校倉造り 104
安土桃山時代 101
阿波羅波秘書 69
アメリカ図書館協会(ALA) 18

い

移写本 124
伊勢神道 69, 125
委託販売制度 121
佚書 3
一誠堂書店 106
糸かがり 134
IFLAのPAC計画 102
いろは順 63
岩波書店 14
印矩（いんく） 105
印行年 117
印刷術 2
印泥 105
淫本 132

う

上野図書館 ii
ウエブサイト 83
浮世絵 109, 115
浮世本 115
受入印 106
宇佐美松鶴堂 111
裏書 112

え

英国図書館協会（LA） 20
英米合同目録規則 20
影写本 124
影鈔本 124
易経 52
絵師 109, 129
延喜式 121

お

御家流 8
大高 127
大蔵省 53
奥付 115
御伽噺 114
覚書 125, 129
折丁 134
折本 125
諺文（オンモン） 134

か

雅 50
怪異物 115
解題書籍目録 14
改題書名 69
解題書目 10
改訂増補版 116
海図 127
街道案内図 114
書外題 120
鏡物 12
夏宮大司馬 52
隠印 106
学生版 130
加除式資料 83

数物製本 132
楽記 52
楽経 54
気質物 115
ガス燻蒸法 103
合戦記 12
鼎（かなえ） 119
カビ対策専門家 103
カビ対策ネットワーク 104
家譜 126
歌舞伎 114
被せ彫り 131
株仲間 114
唐傘紙 129
唐綴 128
軽口本 129
瓦版 114
韓 56
簡易製本 133
簡策 122
韓詩 51
款式 129
冠称 69
漢籍 34
巻頭 63
韓本 57

き

魏 56
機械可読目録 31, 33, 95
菊半截版 124
稀覯書 3, 101
稀覯書管理法 102
稀覯書修理の原則 110
稀覯書の受入方法 106
稀覯書の寄贈受入法 107

索　引

稀覯書の修理法　110
稀覯書の取り扱い方　101
稀覯書の評価基準　108
稀覯書の複写　102
稀覯書の保管転換受入法　107
記述　70
記述の精粗　79
記述目録規則　22
記述ユニットカード方式　30，32
寄贈受入　106
寄託契約　107
貴重図書　102
貴重書閲覧室　103
亀甲綴　128
規程　125
議定書　125
記入語　27
基本記入　25
基本記入方式　30
規約　125
キャレル　103
鳩居堂製防虫剤　103
郷飲酒義　52
郷飲酒禮　53
尭書　51
郷土史フェア展示目録　87
郷土資料　83
郷土資料整理上の原則　88
郷土資料中書写資料の収集原則　85
刑部省　52
協定　125
協約　125
玉（ぎょく）　119
曲禮　52
儀禮　52，53
雲母引　127
記録の方法　79
禁止本　3
近世資料整理分類概則集　89

近世資料目録作成要項案　89
近世地方文書　109
近世地方文書整理マニュアル　96
金属活字　57

く

草双紙　114，119
旧事記　12
虞書　51
宮内省　53
国の公文書　84
鞍型綴　134
黒表紙　119
公羊伝　83
軍記物　114，119
群書類従　11

け

経史子集　11
継続資料　34，82
慶長勅版　7，108
系図　126
経典　116
外典　10，131
検索効果　70
憲章　125
原書名　69
現存書目　10
限定版　130
現用文書　84

こ

光悦本　122
校勘学　4
康熙綴　128
孝経　56
公共図書館の任務と目標　86
皇国地誌　83
孔子　49

校讎学　66
考証学　4
好色物　115
好事家　132
更新資料　83
興徳寺　58
購入受入　106
後跋　129
弘文館　13
公文書　84
公文書館　84
公文録　83
高麗版　57
高麗版一切経　58
古絵図　108
古活字版　108
小金井市立図書館の地域資
　料収集・選択基準　87
久我文書　111
古記録　5
国学院大学　ii
国書総目録　14
国際図書館連盟のパリ原則　24
国際標準書誌記述　28
国文学研究資料館　15
国立国会図書館　ii
古事記　12
五十音順　64
古書入札展観会　106
古書は巻頭　64
古書目録法　60
古書目録法の原則　62
古籍著録規則　39
小高　127
古地図　109
御鎮座次第記　69
古典籍総合目録データ　15
古典籍入札会　121
古版画　109

古物商　121
古文献調査資料　67
古文献用語解説　114
古本節用集　125
古文書学　5
暦　114
紙縒り（こより）　133
声色本　116
昏義　52
今昔物語集　125

さ

在庫品目録　9
佐賀県明治行政資料分類表　92
佐賀県歴史資料整理規程　89
佐賀県歴史資料分類法　91
嵯峨本　108
左伝　56
残欠　134
三五版　124
参照　25
槧本　130
三禮　52, 53
三六版　124

し

詩　50
爾雅　57
爾雅正義　57
士官禮　53
士昏禮　53
四書五経　48
士相見禮　53
市町村文書　84
七略　36
児童教訓書　123
紙背文書　112
治部省　52
四部分類法　37

紙魚（しみ）　103
写真術　2
写真資料　87
写真版　130
集印帖　116
周易　55
臭化メチル　103
十三経　45
重写本　124
十七史商榷　66
周書　51
朱子本義　55
出版事項　1, 73
出版書目　10
秋宮大司冠　52
周禮（しゅらい）　52
入木道（じゅぼくどう）　3
春秋　55
春秋時代　56
舜書　51
春本　132
小学　52
貞観格　121
小経　52
尚書　51
商書　51
正倉院　7
小戴禮　52
称徳天皇　58
鈔本　124
正本　132
条約　125
浄瑠璃　114
書経　52
書後　129
書誌　9
書誌階層　32
書誌学　1
書誌的事項　1

書誌的事項の情報源　78
書誌の規制的機能　66
書誌の保護的機能　66
書誌の保証的機能　66
書写資料　34, 82
書写資料書誌的事項記録順序　94
書写資料整理の専門職員スタッフマニュアル　98
書写資料整理法　82
書写資料通則の原則　83
書写資料の通則　83
書跡・典籍, 古文書の修理　112
所蔵資料の種別　99
書名基本記入方式　63
書名事項　1
書名の典拠　69
書名は巻頭　64
書本　124
書目　9
書物奉行　ii
史料館　15
資料組織法　i
神祇省　52
神道五部書　69

す

垂加神道　125
水晶印　105
角倉本　122
摺師　109, 129
駿河版　108

せ

請求記号　106
青年図書館連盟編　22
整版印刷　115
製本術　2
世界書誌　2
石版　130

索引

台詞付け 116
戦記物語 12
宣言 125
全国書誌 2
全国書誌作成機関 28
線装本 128
繕本 124
善本書目 10

そ

象牙印 105
総合目録 14
宋史 67
装丁術 2
増訂版 116
蔵版印 126
蔵版書肆 114
増補版 116
ゾッキ本 131

た

大学 52
大学共同利用機関 15
大経 52
体系的書誌学 2
太閤記 12
太政官中務省 52
対照事項 2, 74
大蔵経 58
大戴禮 52
大典会通 58
大典通編 59
大福帳綴 128
拓印 129
橘会 62
畳紙（たとう）116
檀紙 116

ち

地域資料 85
地官大司徒 52
逐次刊行物 82
地方行政資料 84
地方資料 108
注記事項 75
中経 52
中高 127
中国官選図書 73
中国編目規則 39
中国目録学史 36
中国目録規則 39
中庸 52
中庸章句 49
丁合（ちょうあい）134
朝鮮通信使 59
朝鮮本 57
町人物 115
雕本（ちょうぽん）130
著者事項 1
著者主記入方式 22
著者・書名記入目録規則 20
著者書名目録規則 22
著者別索引 14
著述書目 10
鎮守府 52

つ、て

通牒 125
柘植印（つげ）105
ディアツコ 19
帝国大学附属図書館協議会編の和漢書目録規則 22
データベース 83
天官冢宰 52
転記の原則 79
電子資料 88

転写本 124
伝統的記述規定 63
展覧会出陳目録 9

と

ドイツ総合目録規則 19
統一種目 25
冬官大司空 53
東京古典会 106
東京帝国大学図書館 i
統合書名 26
同定識別 64
謄本 124
唐本仕立 128
徳川黎明会 7
特大本 116
土佐典具帖紙 112
図書 82
図書館情報大学 i
図書の記述 71
図書分類法 11
都道府県庁文書 84
取決書 125
鳥の子紙 132
黄蜀葵（とろろあおい）120

な 行

内則 52
内典 120, 131
長崎貿易 4
鍋島家文庫目録 89
南詞新譜 47
錦絵 109
日本古典籍総合目録データベース 15
日本古文献の特徴 6
日本図書館協会 21
日本文庫協会編の和漢図書目録編纂規則 19

日本目録規則　22
日本目録規則1952年版
　　　　　　i，6，7，23
日本目録規則1965年版　27
日本目録規則新版予備版　29
日本目録規則1987年版
　　　　　　i，31，33
日本目録規則1987年版改訂2版　33
日本目録規則1987年版改訂2版
　　追加および修正　34，77
人間文化研究機構　15
抜き本　132

は

舶載書目　10
白話小説　134
端裏書　112
跋語　129
跋文　129
パニッツィの目録規則　17
貼外題　120
版画用紙　129
版事項　2
版下　131
番付　114
販売書目　10
反駁書　130

ひ

皮革本　133
引札　114
日次記（ひなみき）
　　　　　5，60，96
批判的書誌学　2
百万塔陀羅尼経　58，118
標題　72
標題紙　26
兵部省　52

ふ

普及版　130
副外題　120
副出記入　25
副書名　69
袋綴　134
武家故実　iii
府県史料　83
伏見版　108
普通図書著録規則　39
復古神道　125
仏国寺　58
佛書　117
府藩縣三治時代　83
プロシヤ教程　19
文化財修理　111
文化財保護　110
文芸学　3
文書管理法　85
分析書誌学　2

へ，ほ

別書名　69
別録　36，67
法帖　116
保管転換受入　106
保管した文書記録　84
彫り師　109，129
翻訳書名　69

ま，み，む

マイクロ資料目録データ　15
マイクロ資料・和古書目録
　所蔵者一覧　16
マイクロフィルム資料　87
巻物　117
豆本　3
御教書（みきょうしょ）　119

明版（みんばん）　120
民部省　52
無垢浄光大陀羅尼経　58
無線綴　133
陸奥紙（むつがみ）　127

め，も

名家自筆本　108
名家手択本　108
木活字　57
木活字版　130
木版画　109
文字の転記　80
目録　9
目録外題　120
目録作業　70
目録専門家会議　28
文部省図書館職員養成所　i

や　行

大和絵　129
大和綴　128
有職故実　12
洋装本の各名称　133
陽明文庫　104
養老律令　121
吉田神道　125
四目綴　120，128
読本浄瑠璃本　119

ら，り

礼記（禮記）　52
落札体格　107
六典（りくてん）　52
李朝活字　58
李朝時代　57
六国史　12
律令格式　12
両部神道　125

索　引

臨写本　104
臨摹本（りんぽほん）　124

る, れ, ろ

流布本（るふぼん）　114
零葉　134
禮楽　54

列挙的書誌学　2
録音・録画資料　87
録本　124

わ

猥褻書　134
和漢図書目録編纂概則　21, 64

和漢図書目録法　21
和古書　34, 61
和古書目録データ　15
卍印（わじるし）　134

欧　語

AACR Ⅰ　27
AACR Ⅱ　31
American Library Association　18
ISBD区切り記号　32
ISBD [M]　28
ISBD [G]　28
ISBD [Serials]　29
ISBD [Cartographic Materials]　29
ISBD [Non-Book Materials]　29

ISBD [Antiquarian]　29
ISBD [Printed Music]　29
ISBD [Component Parts]　29
ISBD [Electronic Risources]　29
ISBD [Computer File]　29
Decimal Classification　18
Library Association　20
MARC　31, 33
OPAC　31
UDC　32
Vatican Library　18

人 名 索 引

あ行

哀公　55
阿部隆一　12
荒川宋長　12
伊尹　51
池田寿　112
和泉新　ⅲ
伊勢貞丈　10
市川団十郎　119
市古貞次　14
以酊庵　59
威烈王　49
岩波茂雄　14
禹王　51

禹貢　51
歌川広重　115
江島其磧　120
轅固生　51
大内直之　64
大内田貞郎　10
大西寛　64
王鳴盛　66
尾崎雅嘉　12

か行

カエサル　84
笠木二郎　64
葛飾北斎　115
カッター, C.A.　18

桂五十郎　49
狩谷棭斎　5, 117
韓嬰　51

き

記昀　37
魏源　4
喜田川歌麿　7, 115
紀貫之　7
木原薫子　64
金指南　59
金履喬　59

け

慶七松　59

景德王　58
桀　51
乾隆帝　37

こ

恋川春町　118
呉允謙　59
孔安国　51
姜弘重　59
康熙帝　120
高宗　58
黄宗儀　4
洪範　51
康有為　4
顧炎武　4
呉大齢　59
小林宏　ⅲ
近藤正斎　ⅱ

さ，し

佐村八郎　12
山東京伝　7
ジェウェット，C. C.　18
子夏　57
渋川清右衛門　116
周公旦　52
朱熹　49
聖徳太子　7
趙斗淳　58
申維翰　59
申公　51
秦誓　51
新村出　14

す，せ，そ

鈴木春信　115
世宗　58
関野昭一　ⅲ
関野真吉　62

曹蘭谷　59
反町茂雄　6
孫炎　57
尊円入道親王　8

た

ダウンズ, R. B.　23
泰采　59
戴震　4
戴聖　52
戴徳　52
髙橋泰四郎　62
竹本義太夫　ⅱ
段玉裁　4

ち，つ

近松門左衛門　ⅱ
趙　56
姚名達　36
築山信昭　89
辻喜之助　14
堤精二　14

て，と

鄭玄　50
鄭民箋　50
鄭樵傳　67
湯王　51
東洲斎写楽　115
湯誓　51
反田次寛　117

な

長沢規矩也　12

は 行

塙保己一　11
林鵞峯　12
林羅山　12

伴信友　5
樋口慶千代　ⅰ
平王　49
藤井貞文　ⅱ
藤原佐世　10
藤原行成　7

や 行

矢島玄亮　10
山下重一　ⅲ
弥吉光長　ⅱ,62
楊守敬　11

り，ろ

陸心源　105
李石門　59
劉歆　36
劉向　36,67

ま 行

三升屋兵庫　119
三好不二雄　89
村岡良弼　117
孟軻　49
毛萇　50
森末義彰　14

西 洋

Anthony Panitzzi　17
Bowers, F.　2
Charls Ammi Cutter　18
Charls C. Jewett　18
Dewey, M.　18
Karl Dziatzko　19
Langlois, CH-V.　2
Roy Stokes　2
Schellenberg, T. R.　83

文献名索引

あ　行

天照坐伊勢二所皇太神宮御鎮座次第記　69
阿波羅波命記　69
伊勢二所皇太神御鎮座傳記　69
伊勢物語　80
井上毅研究　ii
井上毅傳史料篇　ii
江戸生艶気樺焼　7

か

海国図志　4
海槎録　59
海游録　59
活版経籍考　4
漢籍解題　48, 49
仮名本末　5
青山文庫　iii
寛永諸家系図伝　13
韓国出版略史　58
漢書芸文志　37
漢籍とその周辺　42
漢籍目録法　iii, 39, 42

き

癸未使行日記　59
金々先生栄華夢　7
近代日本法制史料集　iii
欽定四庫全書総目提要　37

く、け

旧唐書　11
訓点和蘭文典　119
群書一覧　12
経史子集　48
経典題説　13

源氏物語絵巻　7

こ

古京遺文　5
好色一代男　115
皇朝経世文編　4
孝明天皇紀　iii
国書解題　13
古佚叢書　11
古本節用集　125

さ　行

児童教訓書　123
続異称日本伝　12
続群書類従　11
春秋左氏伝　52
新唐書　11
隋書　11
隋書経籍志　10, 37
成唯識論　7
千字文　127
曽根崎心中　ii

た　行

太政類典　83
近松語彙　ii
中経新簿　37
朝鮮図書捧呈行列図巻　59
朝鮮人物旗仗轎輿之図　59
朝鮮通信使船団図屏風　59
通信日録　59
庭訓往来　115
貞丈雑記　10
天〔満〕宮御伝記略　80
東槎上日録　59
東槎日録　59

東槎録　59
当時全盛美人揃　7
東大寺要録　118
唐本　118
図書館用語集　1
豊受皇太神御鎮座本紀　69

　　　　　な　行

奈良絵本　115
日韓書契　59
日本国見在書目録　10
日本古典籍総合目録　15
日本古典総合目録　ⅲ
日本書紀神代巻　7
日本書籍考　12
日本書目大成　13
日本の美術　112
日本訪書志　11
日本霊異記攷攷証　5
濡燕子宿傘　76

　　　　　は　行

白雲和尚抄録佛祖直指心体要節　58
初春のいはひ　114

比古婆衣　4
武家諸法度　13
扶桑日記　59
奉使日本時間見録　59
法華義疏　7
本朝書籍目録　11
本朝通鑑　13
本朝度量権衡攷　5
本邦朝鮮往復書　59

　　　　　ま　行

明衡往来　115
明治天皇紀　ⅲ

　　　　　や　行

倭姫命世記　69

　　　　　ら　行

琅環記　101
論語集解攷異　4

　　　　　わ

和名類聚抄箋注　5

［著者略歴］

木 野 主 計（きのかずえ）

専攻　図書館情報学　近代日本法制史

1930年10月	東京都昭島市上川原町に生まれる
1950年3月	東京都立立川高等学校卒業す
1954年3月	中央大学法学部法律学科卒業す
1956年3月	文部省図書館職員養成所上級コース卒業す
1996年1月	國學院大學より博士（法学）の学位を授与される
現在	國學院大學研究開発推進機構客員教授を委嘱される
（住所）	東京都小金井市関野町1−16−14

編　著　書		
『梧陰文庫目録』國學院大學図書館	1963年刊
『井上匡四郎文書目録』國學院大學図書館	1992年刊
『井上毅研究』続群書類従完成会	1995年刊
『井上毅とその周辺』木鐸社	2000年刊

古文献整理法 ── 和漢古資料組織法 ──

平成20年5月30日　初版発行

検印廃止

著　者　木　野　主　計
発行者　大　塚　栄　一
発行所　株式会社 樹村房

〒112-0002　東京都文京区小石川5丁目6番20号
電　話　東京（03）3946−2476代
FAX　東京（03）3946−2480
振替口座　00190−3−93169
URL　http://www.jusonbo.co.jp

製版印刷・協同印刷／製本・愛千製本

ISBN 978-4-88367-147-2

落丁・乱丁本はお取り替えいたします。

高山正也
植松貞夫 監修 **新・図書館学シリーズ**

＊は編集責任者　　（A 5 判）

1 改訂 図書館概論	＊植松　貞夫 寺田　光孝 薬袋　秀樹	志保田　務 永田　治樹 森山　光良	1,995円 （税込）
2 改訂 図書館経営論	＊高山　正也 岸田　和明 村田　文生	加藤　修子 田窪　直規	1,995円 （税込）
3 改訂 図書館サービス論	＊高山　正也 斎藤　泰則 宮部　頼子	池内　淳 阪田　蓉子	1,995円 （税込）
4 改訂 情報サービス概説	＊渋谷　嘉彦 杉江　典子	大庭　一郎 梁瀬三千代	1,995円 （税込）
5 改訂 レファレンスサービス演習	＊木本　幸子 堀込　静香	原田　智子 三浦　敬子	1,995円 （税込）
6 三訂 情報検索演習	＊原田　智子 小山　憲司	江草　由佳 澤井　清	1,995円 （税込）
7 改訂 図書館資料論	＊平野　英俊 岸田　和明	岸　美雪 村上篤太郎	1,995円 （税込）
8 改訂 専門資料論	＊戸田　光昭 澤井　清 仁上　幸治	金　容媛 玉手　匡子	1,995円 （税込）
9 三訂 資料組織概説	＊田窪　直規 小林　康隆 山崎　久道	岡田　靖 村上　泰子 渡邊　隆弘	1,995円 （税込）
10 三訂 資料組織演習	＊岡田　靖 菅原　春雄 渡部　満彦	榎本裕希子 野崎　昭雄	1,995円 （税込）
11 改訂 児童サービス論	＊中多　泰子 宍戸　寛	汐﨑　順子	1,995円 （税込）
12 図書及び図書館史	＊寺田　光孝 村越貴代美	加藤　三郎	1,995円 （税込）
図書館学基礎資料　第七版	今まど子　編著		1,050円 （税込）

高山正也先生退職記念論文集
明日の図書館情報学を拓く
アーカイブズと図書館経営
現代の精鋭　15名の明日の図書館情報学への提唱論文

A 5　上製
5,250円（税込）
2007年3月刊

〒112-0002　東京都文京区小石川 5-6-20　**樹 村 房** JUSONBO　TEL.03-3946-2476　FAX.03-3946-2480
URL http://www.jusonbo.co.jp